Learn How to Write from
Mao Zedong

向毛泽东学习写文章

欧阳辉 / 著

人民出版社

序　言

　　看似寻常却奇崛，成如容易也艰辛。1964 年 3 月 24 日，在读到全国正在掀起一个学习毛主席著作的热潮时，毛泽东的回应别具一格：“《毛选》，什么是我的？这是血的著作。《毛选》里的这些东西，是群众教给我们的，是付出了流血牺牲的代价的。”① 唐代诗圣杜甫在《题偶》中有佳句：“文章千古事，得失寸心知。”写文章如“千古事”这般重大，诚然，作者对文章“寸心知”，理解得最为透彻。

　　宋代大儒张载将中国知识分子的使命概括为：为天地立心，为生民立命，为往圣继绝学，为万世开太平。当然，毛泽东是伟大的马克思主义者，伟大的无产阶级革命家、战略家、理论家，是马克思主义中国化的伟大开拓者，是近代以来中国伟大的爱国者和民族英雄，是党的第一代中央领导集体的核心，是领导中国人民彻底改变自己命运和国家面貌的一代伟人。虽然先贤话语不能用以评判毛泽东及其著作，但二者在精神上是相通的。马克思说过：“任何真正的哲学都是自己时代精神的精华”。同理可推，不同时期的学者肩负着不同的作文使命，呈现于人眼帘的是：一个纵轴为时间、横轴为内容的历史方位坐标。正因如此，就好理解“这是血的著作”了。毛泽东所处的

---

　　① 《毛泽东年谱(一九四九──一九七六)》第五卷，中央文献出版社 2013 年版，第329 页。

1

时代,正是近代以来中华民族必将"站起来"的时代,而"站起来"必须革命,革命必定流血。

所谓"血的著作",指《毛选》是斗争的产物,由问题"倒逼"出来,写文章是为记叙中国革命浴血奋斗的曲折过程,总结党和人民群众创造的经验,《毛选》的理论观点是付出巨大牺牲换来的。西方研究毛泽东的著名学者斯图尔特·施拉姆说过,毛泽东对中国革命最主要和最深远的贡献,就是毛泽东的思想。在这里,让"血的著作"的鲜明特色得以呈现,可概括为五个字:问、新、辩、活、理。

问:解决真问题。中国的红色政权为什么能够存在?1928年,毛泽东提出这一真问题,并从国内的政治状况、中国红色政权发生和存在的原因等六个方面,进行了强有力的阐释。后来,他在谈到中国革命时说:"经历过好几次失败,几起几落。我写的文章就是反映这几十年斗争的过程,是人民革命斗争的产物,不是凭自己的脑子空想出来的。"[1]其实,这回答了真问题从哪里来?理论源于实践,是写作的规律,也是发现真问题、解决真问题的源泉。对此,毛泽东作出例证:有了大革命失败的经验,十年内战根据地缩小的经验,才有可能写《新民主主义论》,不然不可能。

为什么提起游击战争的战略问题?提出中国向何处去?提问"破坏抗战、危害国家"的是谁?针对这些真问题,毛泽东在《抗日游击战争的战略问题》《新民主主义论》《论联合政府》中,都进行了深刻阐述和有力批驳。1949年,他还撰写了《为什么要讨论白皮书》《"友谊",还是侵略?》等脍炙人口的文章。

新:提出新思想。"星星之火,可以燎原"的新观点,"没有调查,

---

① 《毛泽东年谱(一九四九——一九七六)》第五卷,中央文献出版社2013年版,第161页。

就没有发言权"的新论断,"一切反动派都是纸老虎"的新概念,均为毛泽东提出的新思想的"集大成者"。

"文章合为时而著",出自唐代诗魔白居易的《与元九书》,"时"即时代之意。显然,新思想是时代的产物,不是凭一时运气得来的,而是在发现真问题、解决真问题中,通过长期实践而结出的硕果。毛泽东指出:"解决土地问题,调查农村阶级情况和国家情况,提出完整的土地纲领,对我来说,前后经过十年时间,最后是在战争中、在农民中学会的。"①显而易见,"解决土地问题"是当时的一个真问题,"调查"是一种有效的实践形式,"土地纲领"是通过调查这种实践形式,如问准问深、问在关键时关键处而得出的新发现,提出的新思想。

辩:运用辩证法。《毛泽东选集》第一卷第一篇第一句话:谁是我们的敌人?谁是我们的朋友?这个问题是革命的首要问题。这个"革命的首要问题",既是一个真问题,又是一种新思想,还是通过对比"问"出来的,彰显唯物辩证法。这是写作的方法论,用毛泽东的话说,就是坚持一分为二看问题。

马克思主义哲学深刻揭示了客观世界特别是人类社会发展一般规律,是指导共产党人前进的强大思想武器。毛泽东说过:"马克思能够写出《资本论》,列宁能够写出《帝国主义论》,因为他们同时是哲学家,有哲学家的头脑,有辩证法这个武器。"②这意味着,写文章只有坚持实事求是这一马克思主义哲学的精髓,善用唯物辩证法这个思想武器,发现真问题,提出新思想,用以指导解决真问题,才能体理论上的贡献和卓越。毛泽东不仅这么说,还亲自动笔撰写了著

---

① 《毛泽东年谱(一九四九——一九七六)》第五卷,中央文献出版社2013年版,第352页。
② 《毛泽东文集》第八卷,人民出版社1999年版,第140页。

名的《实践论》和《矛盾论》。在毛泽东著作中,唯物辩证法随处可见,信手拈来。例如,在《论持久战》一文中,他采用矛盾分析法,抓住中日双方的主要矛盾、同时兼顾次要矛盾,一步步论证了自己提出的新思想,有力地驳斥了"亡国论"和"速胜论"。

活:提倡活文风。在延安整风运动中,毛泽东把文风与学风、党风并提,讨伐"党八股",给它列出八大罪状,说其是对五四运动的一个反动,是不良党风的最后一个"防空洞"。可见,文风不仅是有没有提出新思想、会不会运用辩证法、能不能解决真问题,让不让人和要不要人看的问题,更是与学风、党风、政风紧密相连,直接影响着良好社会风气的营造。

文风活、思想新、寓意深,毛泽东著作不是借典作比、用以喻理,就是用典"起兴",让文章妙趣横生。在《别了,司徒雷登》一文中,他曾借李密的《陈情表》说司徒雷登:"总之是没有人去理他,使得他'茕茕孑立,形影相吊',没有什么事做了,只好挟起皮包走路。"[1]毛泽东有时用典并非直接为"证理",而是借典"起兴",引出下文道理,造成一种幽默。1939年7月7日,对即将上前线的陕北公学师生讲话时,他以《封神演义》故事作比:姜子牙下昆仑山,元始天尊赠了他杏黄旗、四不像、打神鞭三样法宝。现在你们出发上前线,我也赠给你们三样法宝,那就是:统一战线、武装斗争、党的建设。

理:追求真理性。1949年毛泽东首次出访苏联,就请斯大林派理论家尤金帮自己看看过去发表的文章。为什么请尤金,难道对"血的著作"缺乏自信?后来,他当面对尤金说:"不是的,是请你们来中国看看,中国是真的马克思主义,还是半真半假的马克思主

---

[1] 《毛泽东选集》第四卷,人民出版社1991年版,第1496页。

义。"①擅长用故事讲道理、体现学理、饱含哲理的毛泽东,一向对其著作追求真理性、科学性。

怅寥廓,问苍茫大地,谁主沉浮? 毛泽东喜把自己的著作放到历史长河中审视,得出的评判颇有一番滋味。1965 年,他会见美国著名记者埃德加·斯诺时,斯诺说自己相信毛泽东著作的影响,将远远超过我们这一代和下一代。毛泽东倒是很风趣:"现在我的这些东西,甚至马克思、恩格斯、列宁的东西,在一千年以后看来可能是可笑了"。② 怎样看这段"文章千古"的评论? 一个读《共产党宣言》达 100 多遍、对马克思主义笃信好学的伟人,对未来的思考总是弥漫着深刻的马克思主义哲学的气氛。一千年以后,社会主义、共产主义发展到新的天地,如果阶级、国家已经消亡,实现了"太平世界,环球同此凉热",那么有关阶级、国家的著述,岂能不失去用武之地? 可见,文章能否"千古",尽在谈笑间、伴大江东去,而寸心间蕴含的理想主义能够"千古",就是一件真正令人欣慰的事!

与其说问、新、辩、活、理"五个字",是毛泽东"血的著作"的鲜明特色,不如说是向毛泽东学习写文章的努力方向。因为这"五个字"融为一体、相得益彰,可视解决真问题为写作目的、提出新思想为写作关键、运用辩证法为写作方法、提倡活文风为写作形式、追求真理性为写作评价。

是为序。

欧阳辉

2022 年 10 月 1 日于金台园

---

① 《毛泽东文集》第七卷,人民出版社 1999 年版,第 388 页。
② 《毛泽东文集》第七卷,人民出版社 1999 年版,第 406 页。

目　录

简史不"简"

农历辛丑年正月初二,讨论修改完《中国共产党简史》前四章,已是午夜11时。翌晨,本想多睡会却难以入眠,回想起一周来的忙碌,油然而生感叹:简史不"简"。

《中国共产党简史》的编修工作,忙而有序,张弛有度。2021年2月6日报到,7日形成修改后的提纲,8日准备讨论的花脸稿,9—10日全组讨论修改文稿,11—12日即农历三十和正月初一休息,13日全组讨论修改后的文稿,14日指定审核人形成花脸稿后交负责人审读并上报。

当天 7 时早餐,恰遇《实录毛泽东》的作者之一李捷。谈及简史不"简",不由得聊起毛泽东1942 年发表的《如何研究中共党史》,如果不把党的历史搞清楚,不把党在历史上所走的路搞清楚,便不能把事情办得更好。毛泽东指出:"我们研究党史,必须是科学的,不是主观主义。研究党史上的错误,不应该只恨几个人。如果只恨几个人,那就是把历史看成是少数人创造的。"①马克思主义的历史观不是主观主义,应该找出历史事件的实质和它的客观原因。可见,编修中国共产党的百年简史,必须坚持大历史观和正确党史观,坚持辩证唯物主义和历史唯物主义立场、观点、方法,严格遵守党的"历史决议"和党中央有关精神,尤其是关于各个历史时期重大事件、重要会议、重要人物的论述,体现党史研究最新成果,确保导向正确、观点明确、史实准确。

毛泽东喜欢阅正史,也喜爱看演义、小说等野史。他提倡读史的目的不是遵规守旧、颂古非今,而是吸取教训、指导实践。二十四史和《资治通鉴》等书籍,毛泽东百读不厌,作了许多批注,留下一笔宝贵的精神财富。

10 时,中宣部主要领导来看望《中国共产党简史》编辑组成员。简要听取汇报后,领导就如何看待历史、记录历史发表讲话,指出简史不"简",强调看历史要看前景,勉励编辑组成员以高度负责精神,完成好《中国共产党简史》编修这项百年一遇的光荣任务。

编修《中国共产党简史》是一件简洁而不简单的大事。简洁是指行文、话语简明扼要,没有多余内容。毛泽东可谓行文简洁的高手,吟诵其《贺新郎·读史》,真是别有一番滋味在心头。

---

① 《毛泽东文集》第二卷,人民出版社 1993 年版,第 406 页。

人猿相揖别。只几个石头磨过，小儿时节。

铜铁炉中翻火焰，为问何时猜得，不过几千寒热。

人世难逢开口笑，上疆场彼此弯弓月。流遍了，郊原血。

一篇读罢头飞雪，但记得斑斑点点，几行陈迹。

五帝三皇神圣事，骗了无涯过客。有多少风流人物？

盗跖庄屩流誉后，更陈王奋起挥黄钺。歌未竟，东方白。①

  着墨115字，纵贯几百万年，《贺新郎·读史》从人类诞生写到社会主义，是毛泽东阅史的艺术性总结，气象恢宏，诗情画意，古今罕见。这首写于1964年的词作，"揖别"用得极为形象生动，富有童真谐趣。而一个"磨"字，让人顿生漫长遥远之感，"小儿时节"对人类把握，又是那么大气和亲切！这启示我们，编修《中国共产党简史》需心中有读者、有目标，弄清广大读者是谁，如何与之产生共鸣，形成思想共识。细究之，读者大多数为普通党员和团员青年。这就要求话语表达适合新时代青年的阅读习惯，尽量通俗、鲜活、形象起来，让人耳目一新才会入脑入心。《中国共产党简史》第一章的帽段有这样两句话：这是开天辟地的大事变。这一大事变，犹如擎起的一把熊熊火炬，给近代饱受战乱、灾难深重的中国人民送来了光明和希望。"这是开天辟地的大事变"，出自毛泽东1949年的《唯心历史观的破产》。其实，现有的两句话从原稿的三句话修改而来，即"这一天的上海平静得好像什么事都没有发生。但这却是开天辟地的大事变。中国共产党的成立，给灾难深重的中国人民带来了光明和希望"。现有的两句话不仅少了6个字，而且用了一个形象的比喻，还把

---

  ① 《毛泽东年谱（一九四九——一九七六）》，中央文献出版社2013年版，第346页。

"带"改为"送",使得文章更耐看好读,更能拨动读者心弦。

"五帝三皇神圣事,骗了无涯过客。有多少风流人物?"大意是说,中华民族5000多年文明史,让人记得什么呢?毛泽东从大处着眼,举重若轻,一笔带过。江山就是人民、人民就是江山。他鲜明地指出"盗跖庄蹻流誉后,更陈王奋起挥黄钺",才是创造历史的真正动力。

这启示我们,编修历史须分清主题主线和主流的本质,多些主干、少些枝节。《中国共产党简史》的编修,围绕实现中华民族伟大复兴这一主题,突出探索和开创中国新民主主义革命道路和中国特色社会主义道路这一主线,把握中国共产党的初心和使命、马克思主义中国化时代化、坚定理想信念、党同人民群众血肉联系、党的自身建设这五条线索,重点叙述和评价重大历史事件和重要历史人物、重

大方针政策和重要战略部署、重大理论创新成果及其发展历程。

毛泽东用"铜铁炉中翻火焰,为问何时猜得,不过几千寒热",轻松明快地交代了人类从石器时代进入铜器时代和铁器时代。一部12万字的《极简欧洲史》,以清晰、幽默、发人深省的笔调,杂以活泼的插图,叙述了一个不同的文明。显而易见,简史以短见长却不简约。与《文心雕龙》作者刘勰所说的"精约"类似,简约是一种文体风格,具有简洁洗练、单纯明快、辞少意多的特点。细品《贺新郎·读史》,偕俱矣!

简约不是简单摹写。习练书法大都临摹,有个描红的过程。中国共产党历史的简约,不是临摹和描红,不能照着葫芦画瓢。史料之所以存有"保密期",正应了"水落现石头,日久见人心"之理,但更具"保鲜期"。不同史实,应当根据不同时期的需要进行详写或缩成。中国共产党立志于中华民族千秋伟业,百年恰是风华正茂!党的百年历史,与党的七十年、九十年历史不能同日而语。故编修百年党史,不能墨守成规、萧规曹随,须有所创新、有所创造,提炼新观点、找到新论据,写出新气象。

综观《中国共产党简史》,坚持史论结合,夹叙夹议,不仅把基本事实讲明了,把基本脉络讲清了,把基本道理讲透了,有史实、有人物、有分析、有观点、有道理;而且深入阐述了中国共产党为什么能,中国特色社会主义为什么好,归根到底是马克思主义行,是中国化时代化的马克思主义行。

简约不是简单删减,而是经过提炼形成的精约简省,富有言外之意,决不能有流于郁而不明的晦涩。关于历次反对外国侵略的战争、太平天国的农民革命、鼓吹爱国救亡和变法图强的戊戌维新运动、起自社会下层并有着广泛群众规模的义和团运动,《中国共产党简史》

没有更多"之乎者也",更显观点鲜明、条理清晰、文风清爽。但中华民国的历史,没有"一剪了之"。因为它是中华民族的发展脉络,是中国不能分割的铁证所在。

唐代杜牧有诗:"尘世难逢开口笑,菊花须插满头归。"毛泽东化"尘世难逢开口笑"为"人世难逢开口笑",指明"人生欢喜少悲伤多"规律的同时,更是用"流遍了,郊原血"道明革命规律,鲜血只能不断唤起革命者的斗志,革命者面对鲜血岂能笑得出声来。

这启示我们,编修《中国共产党简史》寻找规律、遵循规律是关键,只有弄懂和遵循人与人、人与社会的规律,才能让党的历史深下去、显精神。书写中国共产党诞生的重大意义时,《中国共产党简史》仅用一句话:从此,中国人民谋求民族独立、人民解放和国家富强、人民幸福的斗争就有了主心骨,中国人民就从精神上由被动转为主动。高高举起一面追梦、筑梦、圆梦的伟大旗帜,从此中国人民有了精气神。

"一篇读罢头飞雪",既艺术般浓缩了毛泽东一生读史的情形,也启示我们要善于读书、勇于评史,可称为编修历史之秘诀。毛泽东曾对美国著名记者埃德加·斯诺回忆:我订了一个自修计划,每天到湖南省立图书馆去看书。在《西行漫记》中,斯诺记载了这次谈话内容:在这段自修期间,我读了许多的书,学习了世界地理和世界历史。我在那里第一次看到一幅世界地图,怀着很大的兴趣研究了它。我读了亚当·斯密的《原富》、达尔文的《物种起源》和约翰·穆勒的一部关于伦理学的书。我读了卢梭的著作、斯宾塞的《逻辑》和孟德斯鸠写的一本关于法律的书。我在认真研读俄、美、英、法等国历史地理的同时,也阅读诗歌、小说和古希腊的故事。

多读书、多思考,为评史奠定坚实的基础。试看中国自公元前

221年秦始皇起至1912年末代皇帝宣布退位,历经2133年,共有1000多位皇帝、边疆少数民族政权君主和农民起义称帝称王者、封建割据称帝者以及一个"中华帝国"皇帝。毛泽东于1936年吟诵成《沁园春·雪》,敢作"惜秦皇汉武,略输文采;唐宗宋祖,稍逊风骚。一代天骄,成吉思汗,只识弯弓射大雕"之评价,敢发"俱往矣,数风流人物,还看今朝"之先声,与他对史实的熟知密不可分,与其见地的不凡息息相关。

2022年2月10日,我初任中宣部新闻协调小组组长,闲着无事,便阅读"金冲及文丛",回味简史不"简",顿生感慨。历史虽不能假设,但可以比较。我们在观察历史,需要不断重新观察,而且每次观察都有新的内容。撰写和宣传党的百年历史,就要看到其丰富性和复杂性,写出和说出一些新东西,如过去没有着重讲过甚或忽略的,现在需要解释、说明、强调的内容。

看清楚过去才可能成功,才会明白未来如何继续成功。撰写和宣传党的百年奋斗重大成就和历史经验,需要带着我们党为什么能够从小到大、由弱变强,区别于其他政党的独特优势是什么等来思考、去总结。对党的百年历史做总结性的回顾,基于史实,有肯定、有反思,并回答青年中间一些重要的跟党史有关的思想上的问题和看法。当然,回答这些问题,不能像老师上课讲一堂、灌一堂,而要像党史的演说家在演讲,带有思想性、论战性、趣味性,让人听后觉得确有说服力,心里自然会服气。

漫谈文章"三性"

  《工作方法六十条(草案)》于 1958 年 1 月定稿,现收录于《毛泽东文集》第七卷。与其他文章略有不同,毛泽东在这篇文章的开头对写作背景、目的、过程等作出简要说明,并指出:"这里讲的也不完全是工作方法,有一些是工作任务,有一些是理论原则,但是工作方法占了主要地位。"①出于工作的需要,我不时翻翻、看看、想想,缘于职业的敏感,对"文章和文件都应当具有这样三种性质:准

---

① 《毛泽东文集》第七卷,人民出版社 1999 年版,第 345 页。

确性、鲜明性、生动性",尤感兴趣。

《工作方法六十条(草案)》提出:"准确性属于概念、判断和推理问题,这些都是逻辑问题。鲜明性和生动性,除了逻辑问题以外,还有词章问题。"①实际上,毛泽东提出的文章和文件"三性",与我国先哲所讲的义理、考据、辞章是相通的。所谓义理,就是讲道理,有见解;所谓考据,是指所依据的事实和引用的材料要准确;所谓辞章,则指好的表现形式,首先是文章的语言,其中还涉及章法和风格,简言之就是文笔要好。

关于准确性的问题,即概念、判断、推理的正确与否,涉及形式逻辑和辩证逻辑。概念、判断、推理是逻辑学上的三个名词,概念是否明确、判断是否准确、推理是否正确,均属于逻辑问题,既讲辩证逻辑,又讲形式逻辑。一篇文章中对个别的简单的事情往往会有判断,看字句对不对,看数目准不准,然后作出肯定或否定,或者看推理对不对,这是形式逻辑讲的同一律、矛盾律、排中律的问题。可见,涉及简单问题的判断和每句话的判断、推理关系,均属于形式逻辑。文章中较大范围的事实的判断,涉及根本的立场、观点、方法,则属于辩证逻辑。这是撰写文章的根本性问题,基本的立场、观点、方法必须正确,如果基本的东西都是错误的,文章就没有写下去的必要。而解决这一根本性问题的方法,便是找出主要矛盾和矛盾的主要方面,坚持一分为二看问题,分析文章正反两个方面。

俗话讲,一口吃不了一个胖子。初学写作就如吃饭,需要一口一口来,首先弄清楚什么是概念、判断、推理,然后联系三者之间的关系去思考、去比对、去习作。

---

① 《毛泽东文集》第七卷,人民出版社1999年版,第359页。

概念相当于词，是不是明确，需要看自己的说话是否符合所代表的客观东西。《工作方法六十条（草案）》第 28 条中提出，讨论一次党的领导原则问题，主要看"大权独揽，小权分散；党委决定，各方去办；办也有决，不离原则；工作检查，党委有责"等"八句歌诀"是否合乎党的原则。"大权独揽"这个概念，原本是一个成语，往往指个人独断；在这里，则指主要权力应当集中于中央和地方党委的集体，用以反对分散主义。那么，概念作为人的思想的基本工具，又是如何形成的呢？1937 年 7 月，毛泽东在《实践论》中对这个问题有过明确回答：社会实践的继续，使人们在实践中引起感觉和印象的东西反复了多次，于是在人们的脑子里生起了一个认识过程中的突变（即飞跃），产生了概念。显然，概念不是事物的现象，不是事物的各个片面，不是它们的外部联系，而是抓住了事物的本质、事物的全体和内部联系。

判断相当于句，有了几个概念就可以作判断。判断对不对，需要看前后次序对不对，有没有条件，是否可能。再说"大权独揽"，难道大权可以分摊？只有弄清楚"八句歌诀"是 1953 年为反对分散主义而提出的这个大背景，人们都会理解"大权独揽"的判断是完全正确的。

推理相当于两个以上的句子，从这一句话引到那一句话，如由第一句话引到第二句话之间的关系就是推理。当然，不是所有两句话之间都存在着推理的关系，但很多时候是有的。就"八句歌诀"而言，后一句话往往针对前一句话，都是坚持唯物辩证法推理出来的结果。

《三国演义》中所谓"眉头一皱计上心来"，人们常说的"让我想一想"，就是人在脑子中运用概念以作出判断和推理的过程。概念是判断、推理的前提条件,只有前提条件成立,才能得出正确结论。近些年来,伴随着人类命运共同体、网络空间命运共同体、人类卫生健康共同体、中国—东盟命运共同体等理念的倡导和阐释,命运共同体广为传播、深入人心。同时要看到,社会上也存在着滥用"命运共同体"的现象。比如,将社会上普通的合作关系过度拔高为命运共同体,提出"共筑民俗酒店命运共同体"等;又如,混淆命运共同体与政商、政企等特殊关系,提出"树牢政企命运共同体意识"等;再如,在不相关领域随意"发明"新的命运共同体,提出所谓的"太空命运共同体"等。对命运共同体的滥用和误读,不仅侵蚀这一概念的严肃性、权威性,而且让判断、推理难以正确,准确性自然化为泡影。

关于鲜明性的问题,首要的是观点和材料的统一。《工作方法六十条(草案)》第 32 条中提出:"把材料和观点割断,讲材料的时候没有观点,讲观点的时候没有材料,材料和观点互不联系,这是很坏的方法。只提出一大堆材料,不提出自己的观点,不说明赞成什么反对什么,这种方法更坏。"[1]这两种"坏",虽然是针对开会的方法来讲的,但对于撰写文章同样适用。我国是文章大国,关于如何撰写文章有句老话:夹叙夹议。议就是观点,叙就是材料。观点是一个判断,是推理来的,推理又是从材料中得来的。所以说,文章的鲜明性源于观点和材料的统一性。

写文章好比盖房子,科学布局、合理设计、用料适度,房子才会实用、美观、经济,这就需要妥善安排材料和观点,使之具有一定的"适配性",从而互相作用、相得益彰。如果一段文字全是观点没有材料,或者尽是材料没有观点,叫人看不清楚,这就是不鲜明,就会让人

---

① 《毛泽东文集》第七卷,人民出版社 1999 年版,第 356—357 页。

云里雾里、迷失方向。对于初学写作的人来说,应当尽量做到一段文字说明一个观点,用一手的材料来证明这个观点,这段文字就会鲜活起来,看起来就很干净。

当然,一篇文章仅仅观点和材料相统一还是不够的,观点不突出还是不鲜明。每篇文章都有其写作目的和总的要求,主要观点就要像一面旗帜,必须鲜明、突出。如果主要观点想拿出来又不想拿出来,"千呼万唤始出来,犹抱琵琶半遮面",文章就不可能鲜明。

人的观点都是事实的反映,文章无非是为了说明观点、宣传观点。而宣传观点先得让人相信这个观点,这就得讲一些事实。而事实源于材料的真实、话语表达的客观。所以,写文章一定要把材料尽量搜集全面,论据尽量做到周延。这只要有意识地注意,是一定能够做到的。

关于生动性的问题,重在抽象的论述中加些不抽象的东西。纯粹抽象的,就像数学题一样,一道道列下去,怎么也不会生动,因为全部是抽象的。文章尽管是讨论工作,讲的道理、列举的数目是抽象的,但可穿插一些具体人物、具体单位、具体事实,文章就不会那么沉闷了,反而会"活"起来。

西汉司马迁的《史记》和西方"史学之父"希罗多德的《历史》,都是写得相当有感情的。文章要有感情,是指讲一件事情的时候自己内心感情的自然流露。1945 年 4 月,毛泽东在《论联合政府》中指出:无数革命先烈为了人民的利益牺牲了他们的生命,使我们每个活着的人想起他们就心里难过,难道我们还有什么个人利益不能牺牲,还有什么错误不能抛弃吗?请看看,这番话讲得多动人!写文章就要有这样的手法。当然,带感情的话决不能改变历史事实,更不是堆砌一大堆华而不实的形容词。

怎样才能讲出带感情的话,让文章有血又有肉?无论内容的叙述方式还是措辞,在庄重和规范的前提下,理应让人感兴趣、愿意读。对此,毛泽东在《反对党八股》中有过说明:我们很多人没有学好语言,所以我们在写文章做演说时没有几句生动活泼、切实有力的话,只有死板板的几条筋,像瘪三一样,瘦得难看,不像一个健康的人。

文章的语言应该有一定的形象性、有变化,多用通俗生动的群众性语言。1946 年 5 月在《关于土地问题的指示》中,为表明中国共产党"坚决拥护广大群众这种直接实行土地改革的行动"立场后,毛泽东用了五个"不要害怕"的排比句:各地党委在广大群众运动面前,不要害怕普遍地变更解放区的土地关系,不要害怕农民获得大量土地和地主丧失土地,不要害怕消灭农村中的封建剥削,不要害怕地主的叫骂和污蔑,也不要害怕中间派暂时的不满和动摇。写到这里,我们党在土地问题上鲜明而决绝的立场跃然纸上,犹如在钢材中加入适量的锰,大大提高了钢材的强度一般。1955 年 7 月,毛泽东在《关于农业合作化问题》中写道:"在全国农村中,新的社会主义群众运动的高潮就要到来。我们的某些同志却像一个小脚女人,东摇西摆地在那里走路,老是埋怨旁人说:走快了,走快了"。这段文字不仅非常生动,让人看后不会忘记,而且很符合他想要表达的意思。

"文似看山不喜平,画如交友须求淡",出自清代诗人袁枚的《随园诗话》。其大意是说,写文章好比观赏山峰那样,喜欢奇势迭出,最忌平坦。诚然,写文章不仅讲究谋篇布局,还需注意行文的跌宕起伏、一波三折。如果一篇文章没有几个问号和感叹号自然就会枯燥些,情感变化不大就难以生动。文章要有些情绪,如引用两句古话,增加些许色彩,格式不时变化,每个部分呈现不同逻辑。当然,写文章仅有这些方法还是远远不够的,但注意并做到了就会让文章"动"

起来。

《工作方法六十条(草案)》第 37 条中提出:"做经济工作的同志在起草文件的时候,不但要注意准确性,还要注意鲜明性和生动性。不要以为这只是语文教师的事情,大老爷用不着去管。"①这是对写文章的要求,更是期待好文章越来越多。漫谈文章"三性",其目的正在于此。

---

① 《毛泽东文集》第七卷,人民出版社 1999 年版,第 359 页。

文不加点辩证看

　　文不加点的成语典故,最早见南朝萧统的《祢衡〈鹦鹉赋〉序》:衡因为赋,笔不停辍,文不加点。看过《三国演义》的人,对文学家祢衡应该有点印象。祢衡在江夏黄祖处作书记官的时候,有一天,黄祖之子黄射大宴宾客,有人献鹦鹉一只,应黄射之请,祢衡即席作《鹦鹉赋》一篇,援笔一挥而就,文不加点。这个成语典故是说,祢衡文思敏捷、文采斐然,文章一气呵成、无需修改。人们常讲"毛主席用兵真如神",其实他下笔更如"神",时而大气磅礴,如大江大河奔流直下;时而隽永

15

秀丽,韵味无穷;时而朴实无华,却富含哲理。那有人会问:毛泽东每写完一篇文章后,"有需改"还是"无需改"? 他本人的回答是:还不行,还得去认真修改。

文不加点,在我国古代是有"市场"的。传说着一个这样的故事:一位文学家在写文章之前,总是把墨磨得很充足,然后钻到被子里去睡觉,醒后起床,一挥而就,一字不改。在升学求职必考的当下,考试既有时间限制,又有卷面"整洁分",难免让人想起文不加点的好与妙,工工整整的"小楷",最好不要涂改一个标点符号。

其实,文不加点须辩证看。有人总觉得古代的大文学家、当代的大作家天生聪颖、下笔非凡,文章一气呵成、无需修改。实则不然,大文学家、大作家写作技巧纯熟,之所以能够在脑海里修改加工,甚至可以不自觉地修正,所谓"腹稿""宿构"说的便是这层意思。纯熟的写作技巧,实质上就是大文学家、大作家多年历练感悟的结果。他们不是没有去修改文章,而是经过长期的文字历练,形成了优秀的语言品质和表达习惯。这符合写作的一般规律,合乎写作的内在逻辑。

作为文章大家的毛泽东,概莫能外。人们通常看到的只是他那样神乎其神的演讲和写作技艺,殊不知,那些优秀作品背后的创作艰辛和折射出的胸襟与情怀。1957 年 2 月 27 日在最高国务会议第十一次(扩大)会议上的讲话,6 月 19 日发表于《人民日报》的《关于正确处理人民内部矛盾的问题》,是马克思主义发展史上第一篇以正确处理人民内部矛盾为总题目、系统阐述社会主义社会矛盾的光辉著作,是创造性运用唯物辩证法观察和分析社会主义社会的一个杰出典范。有多少人想过,毛泽东写作这篇文章时虽已年过六旬,但坚持前后修改了十几遍,持续时间近半年,倾注了大量心血。

信息化时代,还要不要先磨墨、再睡觉,把一词一句想周全了再下笔、做到"无需改"呢？我倒是觉得大可不必。此一时，彼一时，当今事物和人们对于事物的看法远比以往复杂，下笔前多思考、多酝酿，只不过完成一个"大框架"而已，仍需边写边改来充实、来修正，仍需根据自己的审查和别人的意见来修改、来完善。这种写作的过程，暂且不妨称之为"打铁式"过程，就像铁匠打锄头须几经回炉、几经淬火，才能边打边像、成样定型。

文章"有须改"，在我国是有传统的。先来读读唐代诗人贾岛的《题李凝幽居》："闲居少邻并，草径入荒园。鸟宿池边树，僧敲月下门。过桥分野色，移石动云根。暂去还来此，幽期不负言。"正是这首诗作，让我国的语言文字中多了"推敲"一词。有一天，贾岛于驴上吟得"鸟宿池边树，僧敲月下门"，因拿不准用"推"字还是用"敲"字而神游物外，误撞京兆尹韩愈出巡马队。韩愈问清缘故后，立马良久，遂提出"敲"字比"推"字好。再来听听北宋文学家王安石推敲"绿"的故事。"京口瓜洲一水间，钟山只隔数重山。春风又到江南岸，明月何时照我还？"王安石写就《泊船瓜洲》一诗后，总觉得"春风又到江南岸"的"到"字太死，就圈去改为"过"字，后又觉得不妥，改为"入"和"满"字。前后改了十多次，直至改为"绿"字才满意。恰是这个"绿"字，让"春风又绿江南岸"成为传世佳句。爱好写作之人应当弘扬这种锤炼字句的精神，不断提升"炼字功"，做到对文章反复推敲，达到"一字出奇，全文生辉"的效果。

俗话说，文章何妨千遍磨。好文章不是写出来的，而是改出来的。清代诗人袁枚的《遣兴》说得好："爱好由来落笔难，一诗千改始心安。阿婆还是初笄女，头未梳成不许看。"这首诗的大意是说，作诗从来都不是一件容易的事情，往往一首诗的初稿出来后，还得反复推敲，字斟句酌地修改几百上千遍，就像阿婆年轻时十分爱美一样，未梳好头是不许别人看的。

作诗如此,撰文皆然。爱好写作之人应有同感,越想写出高质量的作品,越是感到下笔的艰难,就越需付出百改千修的辛劳。诚然,这种艰难和辛劳于一般人来说,一时是难以理解的,所以总有人说"天下文章一大抄",其实"抄"也是一种学习方法和一个学习过程。加之,后面还有一句"关键是会不会抄",那就更难了,因"会抄"不仅是一道选择题,更是一道改错题,而选择就是方向,改错就是完善。

文贵于精,诗不厌改。精是改的结果,改是精的经过。1963 年,毛泽东手书《满江红·和郭沫若》赠周恩来:

> 小小寰球,有几个苍蝇碰壁。嗡嗡叫,几声凄厉,几声抽泣。蚂蚁缘槐夸大国,蚍蜉撼树谈何易。正西风落叶下长安,飞鸣镝。
>
> 多少事,从来急;天地转,光阴迫。一万年太久,只争朝夕。四海翻腾云水怒,五洲震荡风雷激。要扫除一切害人虫,全无敌。①

当晚,他边吟诵边修改,翌日服务员倒掉半篓废纸稿。透过这一细小的例子,人们可以看到毛泽东对诗词的"推敲"达到近乎"挑剔"的境地。

文章"有须改",到底改什么?1963 年 11 月,毛泽东在会见莫桑比克解放阵线外事兼组织书记、葡属殖民地民族主义政党会议秘书长桑托斯时说:有些诗不能用,要经过修改,写文章和写诗不经过修改是很少的。诗和文章为什么要反复修改,甚至还要从头写?他回答说:就是因为文字不正确,或者思想好,但文字表达不好,要经过修改,并风趣地问道:你写过不要修改的诗吗?我要修改。改文章就是改思想,改的过程就是思想完善的过程。这是实践的总结和经验的

---

① 《毛泽东年谱(一九四九——一九七六)》第五卷,中央文献出版社 2013 年版,第184 页。

积累,也是写文章的方法论。1953 年 12 月,毛泽东率宪法起草小组
成员离京赴杭州,主持起草新中国第一部宪法,前后历时差不多 7 个
月,修改了一二十稿。正因为历经了这一艰辛的修改过程,他最后才
敢于讲"这个宪法草案,看样子是得人心的"。

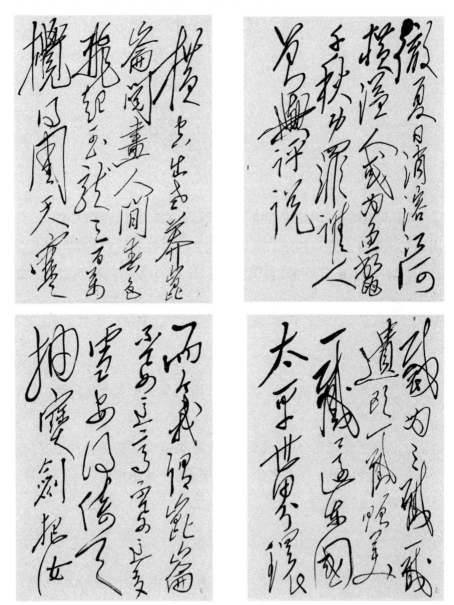

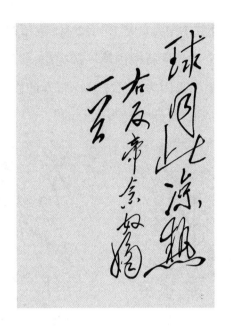

　　"旧句时时改,无妨悦性情",唐代诗人白居易《诗解》中的名句,用到毛泽东身上恰如其分。不仅对重要的文件和文章,而且对个人诗词,毛泽东也反复修改,极其讲究。1935 年 10 月,他吟成《念奴娇·昆仑》:

　　　　横空出世,莽昆仑,阅尽人间春色。飞起玉龙三百万,搅得周天寒彻。夏日消溶,江河横溢,人或为鱼鳖。千秋功罪,谁人曾与评说?

　　　　而今我谓昆仑:不要这高,不要这多雪。安得倚天抽宝剑,把汝裁为三截?一截遗欧,一截赠美,一截还东国。太平世界,环球同此凉热。①

---

　　① 《毛泽东年谱(1893—1949)(修订本)》上卷,中央文献出版社 2013 年版,第 476—477 页。

1958 年 12 月，毛泽东自注："一截留中国，改为一截还东国。忘记了日本人是不对的。这样，英、美、日都涉及了。别的解释，不合实际。"分赠剑劈的昆仑山时，他还想到日本人民，可见其胸襟是多么的博大与宽广！

集思广益改诗词，采得百花酿成蜜。"红军不怕远征难，万水千山只等闲。五岭逶迤腾细浪，乌蒙磅礴走泥丸。金沙水拍云崖暖，大渡桥横铁索寒。更喜岷山千里雪，三军过后尽开颜。"①《七律·长征》形象地概括了红军长征的战斗历程，热情洋溢地赞扬了中国工农红军不畏艰险，英勇顽强的革命英雄主义和革命乐观主义精神。美国著名汉学家费正清在《伟大的中国革命》中，更是将长征比作《圣经》中的"出埃及记"。1958 年 12 月 21 日，毛泽东在文物出版社当年 9 月刻印的大字本《毛泽东诗词十九首》的书眉上，对《七律·长征》作批注："水拍:改浪拍。"原来，事出是有因的。山西大学教授罗元贞在来信中说，"腾细浪""金沙浪拍"的"浪"字不宜用两次，建议改为"水拍"，毛泽东欣然接受。此事传开后，许多报刊以古人所说的"一字师"来形容。

"重要的文章不妨看它十多遍，认真地加以删改，然后发表"，毛泽东说，"文章是客观事物的反映，而事物是曲折复杂的，必须反复研究，才能反映恰当；在这里粗心大意，就是不懂得做文章的起码知识。"②这说明了文章要反复修改的理由，道明了须达到"内容正确、形式恰当"的目的。对客观事物的认识需要一个过程，多一次修改就多一次认识；文字的表达恰当也需要一个过程，多一次修改就多一次筛选。能否做到内容正确，取决于作者的理论水平和思想境界

① 《毛泽东年谱(1893—1949)(修订本)》上卷，中央文献出版社 2013 年版，第 476 页。
② 《毛泽东选集》第三卷，人民出版社 1991 年版，第 844 页。

的高低。如果采取严谨、细致的态度去修改,勤于动脑、乐于请教,绝不轻易放过任何一个观点和疑点,自然就会减少内容上的谬误与失误。内容正确,就具备了说服读者的基本条件。文章要让读者易于接受,还需有恰当的表现形式。这需要在布局、逻辑、修辞上下番"绣花"功夫,只有让每一句话、每一段落、直至通篇好看,才能吸人眼球、让人爱读。能否做到表现形式恰当,取决于作者的写作水平和精神境界的高低。如果心里始终装着读者去修改,总想着所写内容一般读者能不能真正了解、会不会相信赞成、是不是感到枯燥沉闷,自然会减少表现形式上的缺憾与遗憾。

写文章实质是一种革命性工作,需要不断进行"自我革命",不断丰富思想、提高境界、完善自我;一般来说,文章具有教育人、引导人、激励人等功能,发表出来后是要对人民群众负责的,应该说是以"自我革命"引领"社会革命"。好文章不仅让读者易懂、信任,而且可以提高其能力、愉快其心情。这个境界虽不易达到,但要求作者把文章尽量写得讲究些。文不加点辩证看,从"无需改"到"有需改",从内容到形式,凡属可能做到的反复研究、充分修改,均大有必要、贵在有恒。

靠总结经验吃饭

　　"我看李宗仁是个有本事的人"，据《毛泽东点评国民党著名将领》记载，西安事变和平解决后，毛泽东会见李宗仁的特使刘仲容如是说。近30年后的1965年7月26日，毛泽东接见原国民党政府代总统李宗仁夫妇和他的秘书程思远。在交谈过程中，他风趣地问程思远："你知道我靠什么吃饭吗？"程思远一时茫然，不知所对。毛泽东意味深长地说："我是靠总结经验吃饭的。"大意是说，他的著作是"总结经验"。这是科学的思想方法和工作方法，也是写文章的一般规律和内生逻辑。

往回看,是为了更好地向前走;总结经验,是为了能更好地指导推进工作。毛泽东善于通过总结历史经验教训,提高对客观规律的认识,用以指导工作。就写文章而言,这是一种方法论和一项基本功,以及所要达到的目的。大革命失败后,他总结历史上农民起义失败的教训,思考中国革命道路,对谭震林等人说:李自成为什么失败了? 很重要的一个原因,就是没有巩固根据地。因此,毛泽东领导创建井冈山革命根据地,点燃"工农武装割据"的星星之火,为后来党领导的各地武装起义树立起榜样,并有力地推动了革命形势的发展。

日前,我在"学习强国"上听田连元演播的《话说党史》方知,在毛泽东、朱德提出"敌进我退,敌驻我扰,敌疲我打,敌退我追"的"十六字诀"前,毛泽东就总结出"既要会打圈,又要会打仗"的作战经验。原来,初上井冈山的毛泽东,了解到当地有个叫朱聋子的山大王曾总结出一套与官军作战的经验"不要会打仗,只要会打圈"后,便将其改为"既要会打圈,又要会打仗"。打圈的目的不是消极躲避,而是消耗敌人,为战胜敌人、消灭敌人创造条件。正因如此,毛泽东后来说"读书是学习,使用也是学习,而且是更重要的学习。从战争中学习战争——这是我们的主要方法",也就不足为奇了。

《孙子兵法》曰:"昔之善战者,胜于易胜者也。"所谓"善战者",用毛泽东的话讲,就是专挑软柿子捏、首战必胜。在这里,软柿子有两层含义:一是军队本身战斗力弱,如号称"双枪兵"的王家烈部,士兵手中拿着步枪,腰里藏着烟枪,红军所到之处如雷公打豆腐——劈个稀巴烂。二是遇"强"化"弱",注意分散敌人兵力,如龙源口大捷就是一个典型战例。1928 年 6 月,国民党赣军 2 个师共 5 个团,准备对井冈山革命根据地举行第 4 次"进剿",毛泽东、朱德主动撤出永新城,有意示"弱"。很快,敌军占领永新城,但用以进攻的兵力由 5 个团变为 3 个团,明显由"强"变"弱"。红四军以 1 个团和 1 个营正面阻击,又派出 1 个团迂回敌之侧,后发起进攻。顿时,枪声大作,歼灭赣军 1 个团,击溃 2 个团,收复永新城,取得第四次反"进剿"胜利。龙源口大捷之所以"胜于易胜",关键在于将难以战胜的敌人变得容易战胜。这彰显毛泽东"既要会打圈,又要会打仗"的斗争智慧,呈现"善战者"把难胜之敌先"易胜化"、再战胜之的制胜方法。

毛泽东强调,做一个真正能干的高级指挥员,不是初出茅庐或仅仅善于在纸上谈兵的角色所能办到的,必须在战争中学习才能办得到。和平年代绝不是"刀枪入库、马放南山"的时期,面对复杂扰攘的当今世界,不论军人还是学人,学习领会毛泽东"从战争中学习战争"的军事思想,既可以开阔眼界见识,又能够强化战略思维,对于兴党强党、兴国强国、兴军强军有利又有益,何乐而不为呢?!

"读历史是智慧的事",毛泽东一生酷爱历史,经常手不释卷,但绝不是钻进故纸堆就历史说历史,而是联系社会实际总结经验教训,"以唱叹之笔"借题发挥。1920 年,在致蔡和森等人的书信中,他分析袁世凯称帝、段祺瑞执政之所以失败时,就提出"均系不读历史之故",没有汲取"王莽、曹操、司马懿、拿破仑、梅特涅之徒"的教训,乃世间"最愚者"。1958 年,他在最高国务会议上说:历史是要的。要读历史,读历史的人,不等于是守旧的人。

《孟子·尽心下》载:"尽信书,不如无书。"毛泽东读历史,不仅勇于跳出历史,而且善于总结历史,还敢于点评历史。皓首穷经本是件好事,倘若成天躺在古典原著里坐不起来、站不起来,为读书而读书,就可能出现郭沫若所说的"死书读活人,可以把人读死",实则是一件得不偿失之事。然而,有种文风更值得关注。前两年,看见一位

25

学者撰文质疑北京某高校个别学者引经据典没有出处,这不禁让人想起鲁迅的一句话:读死书是害己,一开口就害人;但不读书也并不见得好。师者为师亦为范,学高为师,德高为范,真希望没有出处的经典和错误的引文不要在各类文章中出现,更不要在师者和长者身上发生。

综观人类历史,就是一部不断从必然王国向自由王国发展的历史。因此,人类总得不断总结经验,才能有所发现,有所发明,有所创造,有所前进。接受马克思主义后,毛泽东更是把总结历史经验的重要性提到了马克思主义认识论的高度。"如果要看前途,一定要看历史",毛泽东要求全党认真学习和不断总结党的历史经验。抗日战争刚转入战略相持阶段,他就向全党发出号召:一切有相当研究能力的共产党员,"都要研究我们民族的历史"。1941 年,他为中共中央书记处起草指示:每个党员都要"学习党在二十年革命斗争中的丰富经验"。1944 年,他不仅把《甲申三百年祭》作为延安整风运动的重要文件,还特意致信郭沫若:你的《甲申三百年祭》,我们把它当作整风文件看待。小胜即骄傲,大胜更骄傲,一次又一次吃亏,如何避免此种毛病,实在值得注意。

古人言:"不知来,视诸往。"毛泽东注重学习总结历史经验尤其是中国共产党领导革命的历史经验,成为我们党指导革命和建设的重要教材。他曾说:在抗日战争前夜和抗日战争时期,我写了一些论文,如《中国革命战争的战略问题》《论持久战》《新民主主义论》《〈共产党人〉发刊词》,替中央起草过一些关于政策、策略的文件,都是革命经验的总结。那些论文和文件,只有在那个时候才能产生,在以前不可能,因为没有经过大风大浪,没有经过两次胜利和两次失败的比较,还没有充分的经验,还不能充分认识中国革命的规律。

重温毛泽东"读历史是智慧的事",不仅可以了解我们党和国家的过去,而且能够理解当前的世情、国情、党情,对于写文章都是十分必要的。从某个意义上说,为党报党刊撰文,就是以党史、国史为主要内容,坚持好、运用好唯物辩证法。

"前事不忘,后事之师。"毛泽东说凡是历史上跌了跤的事,不要害怕正视,当作经验是很好的。1935年,他指挥土城战役失利,在扎西会议上总结出三条教训:一是敌情没有摸准,二是轻敌,三是分散了兵力。正是吸取这一仗的教训,毛泽东以"四渡赤水"的神来之笔,留下战争史上的"得意之作"。2017年,人民日报社理论部副主任在一次部门例会上谈到,每位同事都应认真写好个人半年总结和年终总结,重在总结经验、吸取教训。对于已有30年工龄的我来说,深感这番话是人生之悟和阅历之谈,更是工作之法与成功之道。

"以铜为鉴,可以正衣冠,以人为鉴,可以知得失,以史为鉴,可以知兴替",是唐太宗李世民说过的话,大意是总结历史经验教训,可以避免重蹈覆辙。"唐宗宋祖,稍逊风骚",毛泽东认为有比较才能鉴别,总结教训不仅只总结自己失败的教训,而且包括总结别人甚至是敌人失败的教训为我所用,指出"没有失败教不会党员",强调"把别人的经验变成自己的,他的本事就大了"。

重视经验,但坚决反对经验主义。毛泽东认为经验主义同教条主义一样是有害的,强调有工作经验的人不能放弃理论学习,要认真读书,把感性的经验不断上升为更具条理性、综合性的理论。1945年,他在党的七大上号召全体党员深入了解中国的革命运动,包括军事、政治、文化、经济,整个革命工作的各个侧面及其内部联系,并总结经验,把它提高起来,使之条理化、系统化。

注重总结外国经验教训,用以指导我国社会主义建设。在《论

十大关系》中,毛泽东指出:"最近苏联方面暴露了他们在建设社会主义过程中的一些缺点和错误,他们走过的弯路,你还想走?过去我们就是鉴于他们的经验教训,少走了一些弯路,现在当然更要引以为戒。"①正是通过听取各方面意见,深入开展调查研究,总结苏联和我国经济建设中的正反两方面经验,他提出调动一切积极因素为社会主义事业服务的基本方针,使我们党对社会主义建设的探索有了良好开端。

历史是最好的教科书。学习毛泽东的"靠总结经验吃饭"有所悟:经验是由实践得来的认识,是经历史验证的结论,可以帮助自己更好地认识现实、看清未来、立时代潮头、更进百尺竿。记得2001年时任团政治委员的张争法跟我说,每年必须重点写好两份材料:2月起草年度工作部署,9月撰写年度工作总结。工作部署和工作总结如一枚硬币的两面,部署工作要思考如何贯彻、能否落实,总结工作要考虑落实得怎样、下阶段如何部署。这对于写文章大有教益:博而专、少而精,每年着重写好两篇"有感而发、有所见地"的文章,足矣!

① 《毛泽东文集》第七卷,人民出版社1999年版,第23页。

文章仍须自己写

　　自己的文章让别人写,是一件很危险的事情。1962 年 8 月 20 日,毛泽东对人说"我的文件都是自己写。只是有病的时候,我口讲,别人给我写",并举例说"那时批判国民党的许多文章,新华社发的,都是我自己写的"。这让人想起一句网络流行语:文章还是"自己的"好。因为,写文章关键在"发乎于心",讲真心话,说老实话,真情实感自然流露,是大前提。

　　文章仍须自己写,首先在于其本身就是一个学习的过程,能够锻炼头脑的细致准确性,对于提高工作能力大有益处。毛泽东在 1955 年说:客观事物是独立存在的东西。做工作的前提是正确地认识客观事物,而文章是客观事物的反映。这要求做实际工作的同志把自己的经验总结写成文章,"才能比较接近客观实际,写出来经过大家讨论一下,搞成比较谨慎的作风,把问题把思想写成定型的语言文字,可以提高准确性",进而使工作经验提升到理论的高度,用以指导实际工作。从事理论工作的同志更是离不开写作,应当把研究成果写成文章,并通过写文章来检查自身的成果,督促自己不断提高研究水平、理论水平和工作水平。

写文章有了正确的态度,还要有正确的方法。毛泽东说过写文章要处理好材料和观点的关系,强调"材料应与观点统一",形成自己的看法。一般来说,材料是血肉,是观点的基础。

那作为血肉的材料从哪里来?"调查不但要自己当主席,适当地指挥调查会的到会人,而且要自己做记录,把调查的结果记下来。假手于人是不行的",这可以看成是对"没有正确的调查,就没有发言权"的延伸解读,于人们眼帘呈现一幅动态画:毛泽东背着雨伞,走村串户、边问边记,调查数月、奋笔疾书,在黄豆般大小跳动的灯光下,完成了《中国社会各阶级的分析》《湖南农民运动考察报告》等调查报告。

老子《道德经》有言:天下大事必作于细,天下难事必作于易。早在办《湘江评论》的时候,毛泽东就冒着酷暑和蚊叮虫咬,一个多月写下 40 余篇文章。写作《论持久战》的场景,警卫员翟作军更是有过回忆:当时,在简陋的陕北窑洞里,毛泽东用了 9 天的时间,废寝忘食、一气呵成地写完了这篇 5 万字的鸿篇巨制,在中华民族生死存亡的关键时刻,有力地驳斥了"亡国论"和"速胜论"的错误观点,为全民族抗战指明了胜利前景和努力方向。

"不熟悉生活,对于所论的矛盾不真正了解,就不可能有中肯的分析",毛泽东不仅自己带头做调查,而且倡导他人搞调研。在延安时期,他就号召真正的艺术家必须到群众中去,到火热的斗争中去,观察、体验、研究一切生动的生活形式和斗争形式、一切文学和艺术的原始材料。

"秘书只能找材料,如果一切都由秘书去办,那么部长、局长就可以取消,让秘书干",毛泽东强调"重要的文件不要委托二把手、三把手写,要自己动手,或者合作起来做",让写文章成为做工作、想问题的重要途径。中国社会历来把写文章的人比作"码字工",这是有一定道理的。在报纸编辑业务中,向来就有师傅带徒弟式的传、帮、带,所以青年编辑一般称年龄大些的为老师。这也表明,写文章"合作起来做",或给秘书讲清写作意图、大体思路,像航校飞行学员一样,慢慢让其"单飞",这些都是最正常不过的事情。

"这不是我写的,是一个少壮派,叫田家英,是我的秘书。"1956年9月15日,毛泽东作党的八大开幕词,2000多字,被34次热烈的掌声打断。其中有一段文字就出自这个"少壮派"之手,至今让人称赞:国无论大小,都各有长处和短处,即使我们的工作得到了极其伟大的成绩,也没有任何骄傲自大的理由。虚心使人进步,骄傲使人落后,我们应当永远记住这个真理。毛泽东的直率告诫领导干部,是谁写的就是谁写的,坦率地告诉人民群众。

当前有一种不良文风,有的领导干部写文稿,既不出力气,也不出思想,纯属"甩手掌柜",由他人或秘书"捉刀",自己在工作会议上念念、微信群里发发,搞显"绩"要"官"那一套。这与我们党的优良传统和作风格格不入,很是值得领导干部反思与深思。为什么自己不写? 细一打听,有着惊人的类似回答:领导干部成天不是正在开会就是准备会议,忙着呢! 其实,明眼人都看得清楚,就算你忙,难道比战争年代的毛泽东还忙? 1948 年 9 月至 1949 年 1 月,中国人民解放军打响辽沈、淮海、平津"三大战役"后,毛泽东为"三大战役"亲笔起草的电报多达数百件,有时一天近 10 件,真可谓"运筹帷幄之中,决胜千里之外"。更有统计数字显示:《毛泽东选集》四卷共 159 篇文章,其中 122 篇写于延安;《毛泽东文集》八卷共收集 802 篇文章,其中 385 篇写于延安。

2016 年,我有幸参与党中央交给《人民日报》的一篇调研报告写作。记得时任总编辑李宝善跟撰写组成员讲,这次写作机会很难得,可以锻炼谋篇布局能力,希望大家好好珍惜。他还说,一些领导同志都是搞文字工作出身的,他们的战略思维、战略谋划能力都很强。这是事实,在我们党的领导干部队伍中"码字工"出身的不在少数,他们不仅深谙写文章的好处,而且乐于"笔耕不辍"。但是,有时也会遇到写不下去的情形,为文章拿不出来而苦恼。辩证地看,这其实是一件好事,恰恰暴露出需要解决的矛盾和问题。

文章为什么写不下去、拿不出来,究其主要原因:有的是掌握文字表达艺术的"火候"不够,而更多的是思想尚未成熟。有时自己虽然觉得某种思想已经深入理解,但实际上是比较混乱的、暧昧的,就像热恋中的情人,对彼此的细节仍了解不够。在这种情形下,自然写不下去,更谈不上拿出好文章来。当然,如果自己一直不动手写文章,也就永远不会发现此类情形。

遇到这种情形怎么办?记得毛泽东对《寻乌调查》的印象很是深刻:当时对许多问题,没有"全般了解",其实"是完全的门外汉",所以"下大力来做这个调查"。没有调查就没有发言权,毛泽东强调"注重调查""反对瞎说""一切结论产生于调查情况的末尾,而不是在它的先头"。经常写文章的人都明白,单有材料是不行的,仍需加工、消化。用毛泽东的话讲,就是文章要有观点,有"较深刻的思想性",作者要"学会用自己的话来写文章"。而要达到这个目的,就要学会分析问题。毛泽东说过"分析的方法就是辩证的方法",指出"所谓分析,就是分析事物的矛盾"。马克思为什么能写出《资本论》,列宁为什么能写出《帝国主义论》,他还说,因为他们同时是哲学家,有哲学家的头脑,有辩证法这个武器。不言而喻,掌握了辩证的方法,把道理分析透彻了,文章自然写得精彩而深刻。

写大文章不是大笔一挥,滔滔不绝,而是要根据下级和群众的意见。毛泽东1955年对《一个整社的好经验》大加赞扬:这篇文章里所描写的"四对比、五算账",就是向农民说明两种制度谁好谁坏、使人一听就懂的一种很好的方法。这种方法有很强的说服力。它不是像有些不善于做宣传的同志那样,仅仅简单地提到所谓"或者走共产党的道路,或者走蒋介石的道路",只是企图拿大帽子压服听众,手里并无动人的货色,而是拿当地农民的经验向农民作细致的分析,这就具有很强的说服力。他还批评"有些文章,神气十足,但是没有货色,不会分析问题,讲不出道理,没有说服力",强调"我们应该老老实实地办事,对事物有分析,写文章有说服力,不要靠装腔作势来吓人"。

反对写文章不懂装懂,拿一堆材料来堆砌了事。1957 年 12 月 25 日,毛泽东在一封信中写道:"文章写不下去了,此时应该多看看材料,再考虑考虑,看看自己是不是还没有真懂。"有一次,他看过一份文件后不满意,认为文件起草者对所论问题"不甚内行,还不大懂。如果真懂,不至于不能用文字表现出来"。没有把问题搞懂,千万不要轻易下笔。如果不努力把某种思想想清楚、说清楚、写清楚,那么这种思想实际上仍处于混沌状态。只有重视调查研究,继续酝酿,不断思考,才会使自己的思想脱离那种暧昧、混乱、粗疏的状态,才能把握住问题的本质联系,在这个基础上写出来的文章,才可能有毛泽东所说的"长江大河、势如破竹之势"。

真正有分析、有观点的文章,就会有力量、有反响。时下,有的领导干部不管有没有值得写的东西,只是硬着头皮写下去,而且一写出来就想发表,实在发不出来,就到处托人找关系。这种连自己也不知道说了些什么,甚或看不懂的文章,实际上只是一块没有肉的"硬骨头",只能让人看着头痛,读罢后悔,是毫无可取之处的。研究问题、撰写文章,必须"结合形势,结合当时的政治气候",毛泽东强调研究大的问题,要有全局意识,这样去写文章方能"看得准、抓得快、抓得紧、转得快"。他曾称赞中国古代《水经注》的作者郦道元是"一位了不起的人",认为郦道元很会调查研究,"他不到处跑怎么能写得那么好?"写文章之前,最好到处跑跑、看看、问问,知道老百姓需要什么,写出来的文章自然会有人问、有人看,跑得快、传得开。

倡导领导干部学习写文章、写出好文章,决不能认为个人的理论水平不高,思想上提前就"缴了械",而应用写文章的方法来提高自己的思维能力。如何把思想用文章的形式表达出来？小时候,我家左邻右舍全是打铁的,所以我常在想,思想淬炼与生铁淬火是否同出一炉？反复敲打、一经淬火,生铁成熟铁,功到自然成。可见,把文章写好需要一个过程,哪怕"万事开头难",但只要坚持文章仍须自己写,用严肃认真的态度去坚守,春耕夏耘一定会秋收冬藏。

英雄有用武之地

英雄无用武之地,出自宋代司马光《资治通鉴·汉纪》:"今操芟夷大难,略已平矣,遂破荆州,威震四海。英雄无用武之地,故豫州遁逃至此。"喜读《三国志》的毛泽东,1942年5月在延安文艺座谈会上提出"不熟,不懂,英雄无用武之地",把"不熟"解释为人不熟,指出文艺工作者同自己描写对象和作品接受者不熟,或者简直生熟得很。那何为"不懂"?他说语言不懂,就是说,对于人民群众的丰富的生动的语言,缺乏充分的知识。当时,毛泽东虽然是对文艺工作者说的,但就撰写党报党刊理论文章而言,其道理是相通的。要做到英雄有用武之地,必须解决好不熟、不懂的问题。

1964年1月至12月,毛泽东在与时任《人民日报》总编辑兼新华社社长吴冷西的几次谈话中,都说到《人民日报》要重视理论工作。妥善解决不熟、不懂的问题,人们可以从他们的谈话中获得启示、深入思考,使得"英雄有用武之地"。

1964年1月8日,毛泽东不仅提出"《人民日报》要注意发表学术性文章,发表历史、哲学和其他的学术文章",而且强调"抓哲学,要抓活哲学"。什么是活哲学?他说:"我写文章,不大引马克思、列宁怎么说。报纸老引我的话,引来引去,我就不舒服。"[1]肯定有人在想、会问:现在,不管是报上文章,还是学术文章,引用马克思主义经典作家的话已是普遍现象,那到底引还是不引的好呢?他还说过:"列宁就很少引人家的话,而用自己的话写文章。当然不是说不要引人家的话,是说不要处处都引。"[2]

这表明,党报党刊刊发的理论文章,应当有学理作支撑,不能"硬说"、搞强词夺理那一套,更不能搞个人的想当然和自以为是。马克思主义经典作家的话不是不能引、不要引,而是能引则引、尽量少引,应该学会用自己的话来写文章,真正让党的创新理论大众化,飞入"寻常百姓家"。

1964年3月22日,毛泽东指出:"《人民日报》要搞理论工作,不能只搞政治。"在肯定《人民日报》最近组织一些学术讨论,这样做好

---

[1] 《毛泽东年谱(一九四九——一九七六)》第五卷,中央文献出版社2013年版,第303页。

[2] 《毛泽东年谱(一九四九——一九七六)》第五卷,中央文献出版社2013年版,第303页。

的同时,他询问《人民日报》对教学改革问题发表过文章没有? 明确指出:"《文汇报》上一篇文章《不可能什么都懂》,可以看看,可以转载。"

这表明,党报党刊理论宣传讲政治是第一位的,但绝不能政治化。党报党刊的作者和读者,都是辩证唯物主义的动机和效果的统一论者。也就是说,写文章、发文章,既要看动机即主观愿望,又要看效果即社会实践,有"学术味"的文章才会有新思想,有鲜明的针对性的文章才会有具体的指导性。"不识庐山真面目,只缘身此山中",作者读者和编辑记者都应当学会跳出"庐山"看"庐山",甚或五岳归来论"庐山",力争"一览众山小"。

1964 年 12 月 20 日,毛泽东指出:"现在,《人民日报》有看头了,理论上加强了,也有一些有意思的东西。"他说,"今天(二十日)二版关于设计讨论的四篇小文章全看了,编者按也写得好。"这四篇"小文章",是指《关于"用革命精神改进设计工作"的讨论》专栏第六期登出的四篇短文:《带着党的政策下现场》《走出个人主义的小圈子》《放下"施工指导"的架子,虚心向工人学习》《不能把工厂看成静止不变的东西》。"编者按"的题目为:《根本问题在哪里?》。他还说,"大白菜也上了头条,很好。要继续努力。"上了头条的"大白菜",则指 1964 年 12 月 5 日一版刊发的《卖菜札记》和短评《领导还是被领导?》。"《解放军报》、《中国青年报》有些短的、生动活泼的、思想性强的文章,要学习。"毛泽东不但要求自己学、互相学,更是明确了学什么、怎么学。

这表明,党报党刊理论宣传只有做到文章更好看,读者才会更爱看。何为更好看的文章?从"小文章"到"编者按"再到"大白菜",呈现出短小精悍、思想性强、生动活泼等特色特点。从《根本问题在哪里?》《领导还是被领导?》等标题看,这些文章的问题导向、问题意识都非常强。这意味着,观察问题、发现问题、回应问题、解决问题的文章,不管什么时候放在什么版面上,都是人民群众喜闻乐见的"硬通货";尤其是关注社会热点、涉及人民群众切身利益的问题,哪怕是"阳春白雪"也会演化为"下里巴人"。

时代在进步,党中央对党报党刊的要求,与时代偕行。《人民日报》是党中央的机关报,"一张报纸,上连党心,下接民心",习近平总书记强调:要把人民日报办得更好,扩大地域覆盖面、扩大人群覆盖面、扩大内容覆盖面,充分发挥在舆论上的导向作用、旗帜作用、引领作用。架起党和人民群众的"连心桥",融通作者、读者和记者、编辑的"思想路",是党报党刊的光荣使命,也是编辑、记者的肩上责任。理论宣传是党报党刊的核心优势之一。当前和今后一个时期,要着力宣传阐释习近平新时代中国特色社会主义思想,着力宣传阐释党中央决策部署,着力回答干部群众关心的重大理论和现实问题,着力改进文风和创新传播方式,切实履行好巩固壮大主流思想舆论阵地的使命任务,充分发挥好党治国理政重要载体和有力抓手的作用。

了解了党报党刊理论宣传的使命任务,解决好不熟、不懂的问题,先得看到来稿与发稿的供需矛盾。以 2021 年的《人民日报》理论宣传为例,可"窥一斑而知全豹"。全国有 34 个省级行政区,30 多个部办局;有 5 大战区,6 大兵种;有 290 多个地级市,2800 多个县级行政单位;有 2800 多所高校,包括 1400 多所马克思主义学院和马克思主义研究院所,其中重点马克思主义学院就有 30 余所。而理论宣传版面每周 5 块,包括理论版、学术版、观察版;每年 52 周,除去节假日、两会可能冲版等,大约 48 周有版面,以每块版面 4 篇文章、8000字计,每周 4 万字,全年刊发文章 960 篇左右,约 190 万字。而 10 年前,每周 3 块版面,稿件发不完;现在,每周 5 块版面,仍有许多稿子发不出。版面供给缺口很大,导致一些稿件长期被积压。

从这笔细账来看,党报党刊在约稿用稿上,要坚持"好中选优、优中挑精"原则,坚持"发什么、来什么",而不是"来什么、发什么"。这就需要加强编辑队伍建设,既有业务能力的培训,又有职业道德的培养,还有一对一、面对面地传、帮、带,用心用情、尽早尽快让生手变熟手、熟手成强手。在作者培养使用上,既要强调"新面孔",注重年轻化,增加来稿数量;更要用好"常备军",强调规范化,提升来稿质量。概言之,放眼全国,挖掘具有过硬政治素养、扎实理论功底的"实力派",充实后备力量,为理论宣传队伍注入新鲜血液,推动党的创新理论宣传往实里走、往深里走、往心里走,不断激发广大干部群众干事创业的精气神。

"一个人做事只凭动机,不问效果,等于一个医生只顾开药方,病人吃死了多少他是不管的",毛泽东1942 年在延安文艺座谈会上说:"真正的好心,必须顾及效果,总结经验,研究方法。"①文无定法,自圆其说,好像是撰写党报党刊理论文章的通常答案。实际上,文无定法并不说写文章没有一定的法则。刘勰在《文心雕龙》中说:才之能通,必资晓术。而理论文章的"术",就重在有"礼"。在古代中国,礼的文化内涵丰富,《礼记》对礼与理的关系进行过探讨,如"礼也者,理也",礼是合于道德理性的规定。《乐记》更是强调:"礼也者,理之不可易者也。"要做到"英雄有用武之地",必须熟悉、懂得党报党刊理论文章写作的应有之"礼",这样才能把动机与效果统一起来。比如,解读中国实践是我们自己的责任,理论文章要遵循用中国

---

① 《毛泽东选集》第三卷,人民出版社 1999 年版,第 873—874 页。

理论阐释中国实践之"礼";又如,宣传阐释党的创新理论蕴含的重大命题、重要论述、重要概念,要同党的路线方针政策对标对表。

对毛泽东思想的渊源探索和性质判定,历来是一些"文人墨客"尤其是西方学者的偏好与偏爱。可以概括地说,"溯源"与"定性"是西方毛泽东思想研究的两大主题。而西方学者关于这两大主题的论述,又可以归纳为三个论题:毛泽东思想与马克思主义的关系,毛泽东思想与中华传统文化的关系,毛泽东思想与空想社会主义的关系。2016年在山东济南参加"孔子研讨会",清楚记得有外国学者在谈到毛泽东思想时说,读毛泽东著作好似有"礼"又似乎无"礼"。我确有同感,因为从"文章是一种技巧或者艺术,是强调特色的"来思考,文章是没有定法的,也就是说无"礼"。南宋文学家陆游说:汝果欲学诗,功夫在诗外。撰写党报党刊理论文章,功夫也多在文字技巧之外,就是调查研究的进一步深入,思想认识水平的不断提高,对国内外形势的深刻洞察。

近来,在"学习强国"上听《李白全集注评》:"诗仙"李白的进京之路。谁曾想,满腹经纶的李太白,为求得一官半职,竟在终南山"隐居"三年,苦寻"终南捷径",而结果,竹篮子打水一场空。这也告诫人们,撰写党报党刊理论文章没有"终南捷径"可寻。常言道:功夫不负苦心人。写作本身就是一份"苦差事",如冥思苦想、绞尽脑汁、搜肠刮肚等成语,都在诉说着:乐从苦中求、得从失中来。撰写党报党刊理论文章,必须树牢"吃苦是福"的理念,吃得苦中苦,方能苦尽甘来。

没有"终南捷径"可走,并不是说没有方法论可寻。及时、全面、系统地学习党的创新理论,领会深、把握稳,就会第一时间找到最适合自己的选题。坚持专业之人做专业之事,抓住党中央关心、干部群众关注的思想理论问题,析事明理、解疑释惑,就能增强理论文章的学理性、思想性、可读性和说服力、感染力。坚持多读大家名家的文章,不是一家而是多家,少纠结于文章的发与不发,不搞一篇文章"定乾坤",就能逐渐悟其奥妙、得其要领。坚持多写多练,把写好党报党刊理论文章当作一种事业追求、不懈努力,功到就会自然成,英雄定会有用武之地。

大众化与小众化

　　八股文作为一种文体,早已伴随科举制度的消亡而消失,而作为对一种死板格式化文章的代称,却一直大有市场。1942 年,毛泽东在《反对党八股》中指出:"有些天天喊大众化的人,连三句老百姓的话都讲不来,可见他就没有下过决心跟老百姓学,实在他的意思仍是小众化。"①学风和文风也都是党的作风,都是党风。大众化与小众化并非小事,关系文风,关乎党风。

---

① 《毛泽东选集》第三卷,人民出版社 1991 年版,第 841 页。

无论新民主主义革命时期还是社会主义革命和建设时期，毛泽东之所以反复强调文风问题，固然与他是文章大家有关，而更重要的是，领导干部文风好坏与党的事业兴衰密切相关。"党八股是藏垢纳污的东西，是主观主义和宗派主义的一种表现形式"①，毛泽东不仅历数了它的八大罪状，还一针见血地指出其危害：党八股这个形式，不但不便于表现革命精神，而且非常容易使革命精神窒息。要使革命精神获得发展，必须抛弃党八股，采取生动活泼新鲜有力的马克思列宁主义的文风。

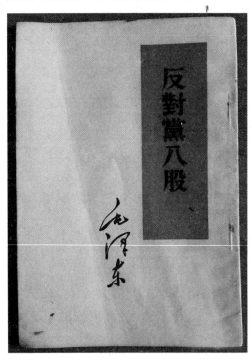

时间如白驹过隙，距《反对党八股》的问世，80年一晃而过，党八股是否时过境迁？联想近些年党中央以落实八项规定精神为抓手，弘扬优良文风，狠刹不良文风，改进文风成效显著。然而，纠正不良文风不可能一蹴而就、一劳永逸。君不见，报纸上"日新月异"的新闻一篇篇，评论文章"要"字和"必须"频频，理论文章除了"指出"还有"强调"，一些老百姓更是戏谑，打开电视不是领导作报告就是播音员念文件。综观当前不良文风的各种表现，其要害在"假"。这主要

---

① 《毛泽东选集》第三卷，人民出版社 1991 年版，第 827 页。

表现为,有的领导干部喜欢开长会、念长稿,短话长说,看似面面俱到,实则离题万里,正如群众所言"这样的讲话有数量无质量、有长度无力度";有的领导干部热衷于发文章,经常把一般性会议上发言"贴"在新媒体上"作秀",所言既不触及实际问题,也不回应群众关切。讲话和文章如果不是为了解决问题,那就有沽名钓誉之嫌,在文风上就很容易假,最终必然会产生"离心机"效应,不利于个人工作的开展、党和人民事业的发展,必须坚决纠正、以防蔓延。

怎样坚决纠正?在一次中央媒体参加的改进风气研讨会上,有媒体人说到,改进文风就像穿衣服,去年流行那款、今年这款时尚、明年又有时髦的新款,最终还是棉布内衣贴身舒服。乍一听,好像在理;细一想,实则不然。穿衣服重在合体,衣服款式和布料质地往往因人而异。

还是回到 80 年前,听听毛泽东是怎么讲的吧!他说:现在许多人在提倡民族化、科学化、大众化了,这很好。但是"化"者,彻头彻尾彻里彻外之谓也;有些人则连"少许"还没有实行,却在那里提倡"化"呢!所以我劝这些同志先办"少许",再去办"化",不然,仍旧脱离不了教条主义和党八股,这叫做眼高手低,志大才疏,没有结果的。对此,毛泽东举例说:那些口讲大众化而实是小众化的人,就很要当心,如果有一天大众中间有一个什么人在路上碰到他,对他说:"先生,请你化一下给我看。"就会将起军的。如果是不但口头上提倡而且自己真想实行大众化的人,那就要实地跟老百姓去学,否则仍然"化"不了的。可见,文风与党风政风紧密相连,改进文风必须永远在路上,从小切口入手、从点滴做起,就会常改常新,出新出彩;反之,今天喊个口号,明天提个要求,要么"一刀切"、要么"一阵风"、要么"一窝蜂",只会适得其反、得不偿失,越改越忙,不进则退。

　　"毛泽东、彭德怀等人所作的长篇谈话,用春水一般清澈的言辞,解释中国革命的原因和目的",1938年美国著名记者埃德加·斯诺在《红星照耀中国》译本的序言中这样回忆描述。这说明了一个重要问题:一篇讲话、文章能否打动人,让人愿听、爱看,重在解决问题,不是炒作话题,该长则长、宜短则短。翻阅《毛泽东选集》就有这么一种感受,有时一个晚上如饥似渴地看上好几篇,解馋又解乏;有时一篇未看完已是子夜,就像跟新娘子度"蜜月"不得不暂时分开,因为第二天还得早起上班。

　　一篇讲话、文章为什么好听好看、让人爱听爱看,毛泽东回答得比较委婉:"只要是严格说理又合乎事实,即实事求是的文章,是站得起来的。"作为马克思主义中国化的第一人,毛泽东历来提倡写文章采取实事求是的态度,从生活、从实践出发,真诚地表达自己的心里话。针对党八股的文风"装样子吓人、妨碍真理"的现象,他特意指出要"靠实事求是吃饭"。毛泽东思想具有许多关于中国革命和建设的理论原则和经验总结的精辟论断,如枪杆子里面出政权、三大纪律八项注意、自己动手丰衣足食、领导干部要学会弹钢琴等,都是坚持实事求是,理论联系实际,用的全是大众化的语言。

　　1927年9月,秋收起义部队前敌委员会在湖南文家市里仁学校开会,讨论要不要攻打长沙。师长余洒度等人认为不打长沙就没有出路,而党代表毛泽东主张将部队转向山区和农村。孰是孰非?毛泽东在分析形势后说,情况变了,我们的计划也要变,不变就要吃亏。最终历史说明了一切,这在当时是合乎事实的。站在地图前的毛泽东还指着罗霄山脉中段说:我们要到眉毛画得最浓的地方去当"山大王"。当"山大王",没有搞错吧? 在当时哪怕现在,有些人当然不会同意,革命者怎能革到山上去当"大王"了,哪还叫革命吗?

毛泽东耐心地说:我们这个"山大王",是特殊的"山大王",是共产党领导的有主义、有政策、有办法的"山大王",是代表人民利益的工农武装。这番饱含深刻道理的话,终于说服了大众,带领队伍奔向井冈山。事实胜于雄辩。井冈山革命根据地的开辟,农村包围城市武装夺取革命道路的形成,都充分表明,大众化就是要说服大众,让大众服气。

一篇讲话、文章为什么好听好看、让人爱听爱看,毛泽东认为"要想到对方的心理状态",当自己写文章的时候,不要老是想着"我多么高明",而要采取和读者处于完全平等地位的态度。这道明了大众化与小众化的辩证关系。作为哲学家的毛泽东,喜欢用浅显的例子来说明抽象的哲理。讲到从感性认识到理性认识的飞跃时,他说延安西北菜馆里有个老师傅,50多岁了,炒菜炒了三四十年,人家总愿意到那里去吃,因为他的菜炒得非常香。他炒的菜为什么这样受人欢迎呢?他开始也没有经验,盐放多了就咸,放少了就淡,大家就会提意见。可他在长期的实践中慢慢地摸索,不断总结经验,提高炒菜技术,今天你们叫他讲,他能讲出一大套道理,这就是由感性认识提高到理性认识,也就是人们对客观事物的认识过程。讲到矛盾这个词时,毛泽东举例说,矛盾就是打架。世界上一切事物都在打架。你要战胜我,我要战胜你。这时,他讲课的房顶上瓦匠正在修房,敲得叮叮当当一阵乱响。毛泽东抬头风趣地说,我们就在和瓦匠"打架"。我们上课需要安静的环境,他却要修房顶,这样一来就发生了矛盾。

前两天,我在"喜马拉雅"上听《给90后讲讲马克思》:一天早上,小马克思来到厨房,见到妈妈罕丽达·普勒斯堡就问,"我打开窗户是具体的,看到的外面世界是抽象的,对吗?"我倏忽有所悟:大众化就要学会与人平等对话,善于结合具体实际尤其是身边事例,把原本深奥晦涩的哲理,说成通俗易懂的道理,让大众听得懂、愿意听。然而,时下不缺"高明"之人,有的不遗余力地提出一堆所谓"新概念",美其名曰"创新";有的把做学问搞成跟人"捉迷藏"似的,故弄玄虚、故作高深。理论只要彻底就能说服人,而所谓彻底就是抓住事物的本质。如果不去寻找事物的本质,不遵循事物发展规律,有话不愿平实说,有理不想务实辩,最终只会把大众化搞成小众化。

一篇讲话、文章为什么好听好看、让人爱听爱看,毛泽东强调"你讲话是讲给别人听的,写文章是给别人看的,不是给你自己看嘛!"他曾称赞列宁的著作"生动活泼",因为列宁"把心交给人,讲真话,不吞吞吐吐"。实际上,毛泽东的讲话和文章心里始终装着受众,既通俗、生动、活泼,又让人听得懂、记得住、用得上。他喜欢用民间俚语,如说到给群众看得见的利益时,就形象地说,你要叫唤一只鸡,手里还得捏把米,它才会听你的呢!谈到如何对待山头主义时,他曾对薄一波说,农村两个孩子打架,做父母的总得先把自己的孩子骂几句,甚至打几下,然后安慰对方的孩子,才能平息纠纷,老百姓都懂得怎样来处理"山头"问题,说得让人茅塞顿开。

心里有群众,在谋篇布局、遣词造句、语言运用方面都会考虑群众的感受。报纸的旧传统是:只谈上层人物的活动,或者登载仅供消遣的社会新闻,至于深入广大群众的生活中去,则是少有的。早在1931年,毛泽东就对办好《时事简报》提出明确要求:在话语表达上,要用本地的土话,"不会写本地的土话,也要用十分浅白的普通话",以便于群众阅读;在宣传内容上,要求多报道"与群众生活紧密地关联着的"新闻,这样"群众一定喜欢看";在篇幅字体上,明确"字数每条不得超过四十字,每期不得超过四百字",要用"极大黑墨字",这样才能"看上去明明朗朗",才能成为"真正群众的读物",群众"既看了报又识了字"。1942 年,毛泽东还为《解放日报》拟定第四版的征稿办法,挑选专家编辑队伍负责组稿工作,如范文澜负责历史主题,每月组稿 12000 字;艾思奇负责文化和哲学主题,每月组稿 10000字;等等。

只要心里始终装着群众,自然而然就把群众观点体现在改进文风上。真抓实干、久久为功,在"实"字上下真功、见实效,大众化与小众化定会成为一件小事。

亦谈"战地黄花"

2020年春节,我写过一篇《马背书法家》短文,后录于《鉴证党的百年风云——100个"千字文"》一书。这篇"千字文"中,生动记录了毛泽东和"马背书法家"舒同初次会面的生动场景。

后来,舒同回忆说,1932年春漳州战役刚结束时,毛泽东曾同他在弹痕遍地的地上边走边捡起一颗弹壳轻轻地说:"战地黄花呵!"①

---

① 何火任:《革命人生的壮美颂歌——读〈采桑子·重阳〉》,《学习时报》2000年3月27日。

中华诗词是迷人的瑰宝,予人独特的营养、滋养和教养。"人生易老天难老,岁岁重阳。今又重阳,战地黄花分外香。 一年一度秋风劲,不似春光。胜似春光,寥廓江天万里霜。"①《采桑子·重阳》作于1929年的重阳节,毛泽东借景抒情,表达了战争胜利后的喜悦之情和对革命前途充满信心的乐观精神,并以此对马克思主义世界观作了形象的诗的揭示,富有深刻的哲理意蕴。

"战地黄花"到底是菊花,还是子弹壳?个人曾与许多朋友一样,十分感兴趣,甚或纠结过。清楚记得2010年初,我回到久别六年的家乡,这是我军转后的第一次探亲。是夜,难以入眠,索性起床,在书橱里翻到一本公木著的《毛泽东诗词鉴赏》。它不仅是一本"珍藏版",而且一直深藏于我心里。因为,这本书是爷爷赠予弟媳谢芸的:"致与孙儿芸芸国庆留念:务实园丁基础,育好桃李芳园。祖父题,公元二○○五年十月一日。"

翌日,天刚蒙蒙亮,我来到爷爷、奶奶坟前。此时,爷爷离开我们四年了,奶奶已有六年。我是第一次来看望二老,伫立寒风细雨中,摸着刻有自己姓名的墓碑,泪流满面,无地自容。当天,带着《毛泽东诗词鉴赏》匆匆返京,至今放在案头,一有空就翻翻、看看、背背,《采桑子·重阳》一词不少于几十遍,而每次都有新的感悟与领悟。

"战地黄花",于一个有着17年军龄的"退伍老兵"来说,更多的是在炮火连天中挺立开放、绽黄吐芳的野菊,这是因为它播种着英雄的头颅,灌溉着烈士的鲜血,让人联想到亲手让雷达天线旋转、亲自令银箭直刺苍穹、亲睹战鹰带弹腾空;更多的是"遥怜故园菊,应傍

---

① 《毛泽东年谱(1893—1949)(修订本)》上卷,中央文献出版社2013年版,第286页。

51

战场开"中的家菊,这是因为唐代边塞诗人岑参在《行军九日思长安故园》中表明,思乡念亲乃人之常情,让人回忆起第一次穿上军装,第一次手握钢枪,第一次脚踏边疆。一篇佳作、一段名言、一条金句,之所以久传广播,究其主要原因,无非是做到景、情、理相融。而今,亦谈"战地黄花",更多的是想说,"战地黄花分外香"是借景抒情、情理相融的统一。

如果说"战地黄花"是"外景",那么"分外香"就是"内景",通过"内景"人们才会捕捉到作者的真情实感。1929年,对于毛泽东来说是十分艰难的。这年4月,井冈山收到党中央2月7日写的指示信,强调城市工作的重要性,认为红军在农村的前途是悲观的;6月22日,红四军党的第七次代表大会召开,毛泽东未被选为前敌委员会书记,随即离开部队,到福建上杭开展地方工作。这一期间,他患上疟疾,险遭亡命。革命受挫,人生低谷,毛泽东伫立于山间,看到秋日里漫山遍野盛开的菊花,挥笔写下千古绝唱的《采桑子·重阳》。

在中国古典诗词中,"伤春悲秋"历来是传统主题。所谓"悲愤出诗人",诗人借秋之落叶、秋之萧瑟,隐喻人生之秋。无论诗仙李白的"携壶酌流霞,搴菊泛寒荣",还是诗圣杜甫的"苦遭白发不相放,羞见黄花无数新";无论小杜杜牧的"尘世难逢开口笑,菊花须插满头归",还是苏仙苏轼的"万事到头都是梦,休休明日黄花蝶边愁",无不透着一种苍凉之感、失意之惑。最乐观的当属诗豪刘禹锡所作:"自古逢秋悲寂寥,我言秋日胜春朝。晴空一鹤排云上,便引诗情到碧霄。"明代作家谢榛在《四溟诗话》曰:"凡作近体,诵要好,听要好,观要好,讲要好。诵之行云流水,听之金声玉振,观之明霞散,讲之独茧抽丝。"毛泽东的《采桑子·重阳》一改"传统常态",以景寓情、意与境浑,把大胸襟和真情感融入景中,把景物融入寓意中,言志而非口号,言哲思而非说教。

"分外香"到底是什么样的"内景"?清初诗论家叶燮在《原诗》中写道:诗之基,其人之胸襟是也。这是一种摆脱了个人荣辱得失的思想境界,是一块树立起的共产党人精神高地。毛泽东一扫凄凉寂寞之感,站在历史、哲学、人类的高度,抒发出壮志豪情。

古代中国诗歌理论著作《毛诗序》记载:"诗者,志之所之也。在心为志,发言为诗。情动于中而形于言,言之不足故嗟叹之,嗟叹之不足故永歌之,永歌之不足,不知手之舞之,足之蹈之也。"大意是说,诗,是人的情感意志的一种表现形式,怀抱在心则为情感意志,用语言把它表现出来就是诗。情感在心里激荡,就用诗的语言来表现它,用语言还表达不尽,便用咨嗟叹息的声音来延续它,咨嗟叹息还不尽情,就放开喉咙来歌唱它,歌唱仍感不满足,于是不知不觉手舞足蹈起来。

我国近代著名学者王国维在《人间词话》中说过:词必以境界为上。有境界自成高格,自有名句。……境非独谓景物也,喜怒哀乐,亦人心中之一境界,故能写真景物、真感情者,谓之有境界,否则谓之无境界。……古今之成大事业、大学问者,必经过三种之境界:"昨夜西风凋碧树。独上高楼,望尽天涯路。"此第一境也。"衣带渐宽终不悔,为伊消得人憔悴。"此第二境也。"众里寻他千百度,回头蓦见,那人正在,灯火阑珊处。"此第三境也。此等语皆非大词人不能道。然遽以此意解释诸词,恐为晏、欧诸公所不许也。品读"人间词话"就会领悟,词以境界为最高标准,而境界并非仅仅指景物,喜怒哀乐等情感也是人心中的境界。所以说,文章能够描写真实景物、真情实感的,就称为有境界,否则就叫作无境界。

2018年深秋,我有幸拜谒古田会议旧址,瞻仰了毛主席纪念园和巨型毛主席汉白玉雕像。在这里,品味毛泽东创作《采桑子·重阳》的情境,真是别有一番滋味在心头:这首产生于人生最艰难、失意和落魄中的诗词,让人看到诗人的胸襟是"诗之基","境界为上"才会"自成高格,自有名句",才能令人反复吟诵、世代传唱。

正是因为具有"诗之基"的胸襟,坚持"境界为上",才有"战地黄花分外香"这样的"自成高格,自有名句"。诗词歌赋作为艺术作品,既"以情感人",更"以理服人"。理即思想,是艺术作品的灵魂。情感与思想作为社会存在的反映,都是社会实践的产物。按照辩证唯物主义的观点,"情"是为"理"所制约和支配的,思想是主宰,是决定的因素。

当然,情感既然作为一种反映形式产生出来,就会成为一种积极的因素反作用于人的认识和人的实践。马克思主义不仅充分肯定情感在艺术中的重要意义,而且充分估价它在整个人类活动中的巨大作用,包括在最需要冷静和客观的科学理论工作中的作用。列宁曾用这样一句话来评价它:没有"人的感情",就从来没有也不可能有人对于真理的追求。

不能了解一件艺术作品的"理",重要的原因在于立场不同、思想情感的不同。"战地黄花分外香",对于吃了败仗的对手是无法理解的,就是那些缺乏革命的英雄主义和乐观主义的人,看了也不容易领悟。所有这一切均表明,在艺术欣赏中,感性与理性、思想与情感是辩证地相互联系、相互作用的,而思想、理性活动是艺术欣赏的基础。

高尔基说过,在一些人身上"感情的因素倾向于过去,理智的因素倾向于未来"。为什么会出现感情与理智的矛盾现象?反思"战地黄花分外香"中"情"与"理"的不可或缺,就能够很好地理解一些人为什么难以释怀"黄花"就是菊花的偏爱。因为"过去"是人们长期生活的环境,那里的许多旧事物,不但以思想的形式留在人们头脑中,而且由于长时间的实践接触,那些旧事物都为人们的感情所浸润过,因而也以感情的形式留在头脑中。这种旧意识,特别容易对旧事物发生感情反应。而新的事物、未来的事物,相对说来,还缺乏或很少有深厚的感情,仅仅从理论上接受过来。在这种情况下,旧事物就显得好像感情占主要地位,对于新事物则显得好像理智占主要地位。可实际上,当人们自发地听凭感情支配时,个人正是被裹在旧感情中的旧思想所支配。只有当人们自觉地从理智上进行分析,看到前途的必然趋势时,自己才能愉快地使感情与新思想一致起来。

毛泽东在延安文艺座谈会上指出:为什么人的问题,是一个根本的问题、原则的问题。理解"感情的因素倾向于过去,理智的因素倾向于未来"这对矛盾的关系后,关于"战地黄花"到底是菊花还是子弹壳,对于我们早已无关紧要;而紧要的是创作艺术或撰写文章,如果不要正确的思想指导,不要自觉地明确主题思想,那其实就是把自己交给旧思想去支配和掌握,就是把创作或写作变成个人主义自我表现的东西。

新时代呼唤新作为,大变局需要大担当。细读《采桑子·重阳》就会发现,人民既是历史的创造者,也是历史的见证者;既是历史的"剧中人",又是历史的"剧作者"。要创作出像《采桑子·重阳》这样无愧于历史、无愧于人民、无愧于时代的名篇,写出像"战地黄花分外香"这样的名句,必须坚持以人民为中心的创作导向,因为人民需要艺术,文艺需要人民,文艺要热爱人民。如果一味地沉醉于表现自我的情感里,那就会自发地倾向于过去,跟不上更谈不上拥抱新的时代。

凤头　猪肚　豹尾

　　2019 年 10 月，从孔夫子旧书网购得一本《毛泽东新闻工作文选》，为新华出版社 1983 年出版。阅读《〈八路军军政杂志〉发刊词》《〈中国工人〉发刊词》《延安〈解放日报〉发刊词》三篇"发刊词"，让人想起写作"六字法"：凤头、猪肚、豹尾。所谓"六字法"，语出元代陶宗仪《南村辍耕录》：作乐府亦有法，曰凤头、猪肚、豹尾六字是也。其大意是说，起要美丽、中要浩荡、结要响亮。可见，写文章贵在谋划通篇布局，尽力做到"六字法"首尾贯穿、重点突出、思想清新。

1939 年刊发的《〈八路军军政杂志〉发刊词》2100 余字,1940 年刊发的《〈中国工人〉发刊词》760 多字,1941 年刊发的《延安〈解放日报〉发刊词》不到 1000 字。三篇"发刊词"有着一个相同点:均刊发于抗日战争的战略相持阶段。《八路军军政杂志》《中国工人》《解放日报》的使命任务是什么? 采取何种方式才能做好这一阶段的宣传工作? 在文章的凤头、猪肚、豹尾处,毛泽东一一作出回应,彰显文章"布局美"。

文章开头像凤头、小巧精美,才会抓住人的眼球,让人顿生好感,产生看下去的想法。正如毛泽东所主张的,应开门见山,先提出要点或者中心思想,引起读者注意,"即于开端处,先用极简要文句,说明全文的目的或结论,唤起阅者注意,使阅者脑子里先得一个总概念,不得不继续看下去"①,然后作阐释论述。《〈八路军军政杂志〉发刊词》的开头采取陈述句:"当抗日战争向着新阶段发展的时候,八路军同人出版这个《军政杂志》,其意义是明显的:为了提高八路军的抗战力量,同时也为了供给抗战友军与抗战人民关于八路军抗战经验的参考材料。"②《延安〈解放日报〉发刊词》的开头采用设问句:"本报之使命为何? 团结全国人民战胜日本帝国主义一语足以尽之。"③这两篇"刊发词"的开头不仅用字少、小而精,而且开门见山、亮明观点,达到了引起读者注意、激发读者兴趣的目的。

文章开头用字相对较多,是不是就缺乏"凤头美"? 其实,亦不尽然。千年名篇《醉翁亭记》全文 480 余字,开头就用了约 160 字,仍

①　《毛泽东年谱(一九四九——一九七六)》第一卷,中央文献出版社 2013 年版,第292 页。

②　《毛泽东文集》第二卷,人民出版社 1993 年版,第 139 页。

③　《毛泽东文集》第二卷,人民出版社 1993 年版,第 352 页。

不缺"凤头美"。"环滁皆山也。其西南诸峰,林壑尤美,望之蔚然而深秀者,琅琊也。山行六七里,渐闻水声潺潺,而泻出于两峰之间者,酿泉也。……醉翁之意不在酒,在乎山水之间也。山水之乐,得之心而寓之酒也。"传说欧阳修写作《醉翁亭记》,不但反复推敲,而且"张榜"征求意见。当地一位老翁提出,此地四面环山,突出主峰名称即可,无需指明每个方位上每座山的名称。"凤头美",既美在删繁就简、重点突出,又美在实事求是、观点鲜明。这与毛泽东反对一些文章一上来就大段引用经典论述,给人以距离感是高度一致的。

关于文章开头,毛泽东还认为"先讲死人、外国人,这不好,应当从当前形势讲起"。这涉及人的两套思维模式:常识思维、极端思维。行为经济学称之为,一号思维和二号思维。例如,树上有三只鸟,打下一只,另外两只飞跑了,就是常识思维;如果撰写学术论文,寻找创新点,就会认为"树上有三只鸟,打下一只,还有几只"的提问不够严谨,必须确认条件,才有具体答案。通过对两套思维的了解,写党报党刊文章应该"从当前形势讲起",而写学术研究论文是可以"先讲死人、外国人"的。

《〈中国工人〉发刊词》的开头字数较多:"《中国工人》的出版是必要的。中国工人阶级,二十年来,在自己的政党——中国共产党的领导之下展开了英勇的斗争,成了全国人民中最有觉悟的部分,成了中国革命的领导者。……团结自己和团结人民,反对帝国主义和封建主义,为建立新民主主义的新中国而奋斗,这就是中国工人阶级的当前的任务。《中国工人》的出版,就是为了这一个任务。"①这是重大事实的陈述,坚持真理、说明道理、富有哲学,而不像有些文章头重

---

① 《毛泽东选集》第二卷,人民出版社1991年版,第727页。

脚轻、无病呻吟。当然,这里不反对辞藻美,而是反对空虚华丽的大话、空话、套话。不同的文体有着不同的写法,像一些报告文学之类的开头,常见白描手法,亦尽显"凤头美"。

"墙上芦苇,头重脚轻根底浅;山中竹笋,嘴尖皮厚腹中空。"文章"腹中"决不能像明代解缙对联中的山中竹笋——"空腹便便",而要像"猪肚"——内容充实、丰盈,层次感、逻辑性强,让人一口气看得下来,而不是平铺直叙或杂乱无章地罗列。

关于文章的叙述方法,毛泽东具有独到的看法。他曾批评苏联《政治经济学教科书》的写法"很不好,总是从概念入手",认为这不符合马克思主义的观点。他还说"研究问题,要从人们看得见、摸得到的现象出发,来研究隐藏在现象后面的本质,从而揭露客观事物的本质的矛盾",强调"人的认识总是先接触现象,通过现象找出原理、原则来",指出"而教科书与此相反",认为"总是从规律、原则、定义出发",因而"没有说服力,没有吸引力"。这是毛泽东著作的一个鲜明特征,也是写文章的方法论。一些学者一时难以写好党报党刊文章,与此有着很大关联,需要学习领会、消化转化、举一反三。

从整体上看,三篇"发刊词"的叙述既尊重人们认识事物的习惯,讲求循序渐进、由浅入深,又宛如一块层次清晰、逻辑严实的"整钢"。这表现在刊发时间上,1939 年至 1941 年,三篇"发刊词"呈现的"大逻辑",有如一支"响箭"一路飞奔,永不回头;体现在受众对象上,三篇"发刊词"区分层次、明确受众:八路军、工人、人民。

坚持"内容为王",文章才会美。写文章必要的形式可以有,但必须反对形式主义。形式服务于内容,一定的形式能让文章呈现层次感和逻辑性。拿《〈八路军军政杂志〉发刊词》来说,全文有六个自然段。第一自然段提出论点,"为了提高八路军的抗战力量,同时也为了供给抗战友军与抗战人民关于八路军抗战经验的参考材料";第二自然段肯定成绩,"八路军的这些成绩,是有目共睹的,除了托洛茨基反动派、汪精卫亲日派与某些守旧顽固分子之外,是一致承认的";第三自然段分析原因,"由于上级领导的正确,由于指战员的英勇,由于人民的拥护,由于友军的协助,这四者是八路军所以获得成绩的原因";第四自然段指出缺点,"八路军有无缺点呢? 不但有,而且多";第五自然段明确重点,"这是八路军在新阶段中应该加重注意的重要问题,其他工作中存在着的缺点,将从这些重要问题上的进步而克服之";第六自然段得出结论,"发扬成绩,纠正缺点,是八路军全体将士的任务,也是《军政杂志》的任务"。[①]

　　句与句之间存在着层次感和逻辑性,这就是人们平常所说的承上启下、环环相扣,也称之为平行关系或递进关系。《延安〈解放日报〉发刊词》在道出"现在的问题"时,用了这样三句话:"世界是帝国主义强盗互相屠杀的世界,还是世界人民和平的世界? 中国是日本帝国主义的中国,还是中国人的中国? 这些问题,在现在帝国主义战争变为世界范围的战争,日本帝国主义企图最后灭亡中国之时,已经尖锐地摆在我们面前了。"[②]这三句话采用"分—分—总"的逻辑,层次分明、直叩心扉、发人深省。

　　采取对比、反问等手法,更能彰显层次感和逻辑性,让人百读不厌、激发斗志。"从前人说:读诸葛《出师表》而不流泪者,其人必不忠;读李密《陈情表》而不流泪者,其人必不孝。今天我们应该说:凡看见或听见中国军队不记旧怨而互相援助、亲密团结而不感动者,其人必不爱国。在这里,那些'发国难财,吃磨擦饭'的人物,应该引起

---

① 《毛泽东文集》第二卷,人民出版社1993年版,第139—142页。
② 《毛泽东文集》第二卷,人民出版社1993年版,第352页。

一点反省吧!"①这一段出自《〈八路军军政杂志〉发刊词》的话语,就是很好的明证。

结尾像"豹尾"、简洁有力,是指文章收尾要戛然而止、干干净净,如古人所说的"余音袅袅,绕梁三日",耐人回味。然而,在现有文章中,大而虚、响而空的结尾,并不少见。尤其是一些不择时机、不分受众的结尾,往往让人望而却步、顿感头痛。编筐编篓、重在收口,描龙画凤、难在点睛。好的结尾具有哪些共性呢?

《〈八路军军政杂志〉发刊词》的结尾:"抗战是长期的与残酷的,发扬八路军的成绩,纠正八路军的缺点,首先对于提高八路军的抗战力量是迫切需要的;同时对于以八路军经验贡献抗战人民与抗战友军,也属需要。《八路军军政杂志》应该为此目的而努力。"②这是在对当时抗战形势作出研判的基础上,对全文进行总结,并提出奋斗目标。

《〈中国工人〉发刊词》的结尾:"一个报纸既已办起来,就要当作一件事办,一定要把它办好。这不但是办的人的责任,也是看的人的责任。看的人提出意见,写短信短文寄去,表示欢喜什么,不欢喜什么,这是很重要的,这样才能使这个报办得好。以上,是我的希望,就当作发刊词。"③这不仅指出了工作与事业的关系,更是指明了办好报纸,既是办报人的责任,又是看报人的责任,辩证味较浓,方法论较强。

《延安〈解放日报〉发刊词》的结尾:"中国共产党的使命就是本报的使命,本报同人完全相信,由于世界人民与中国人民协力斗争的

① 《毛泽东文集》第二卷,人民出版社1993年版,第140页。
② 《毛泽东文集》第二卷,人民出版社1993年版,第142页。
③ 《毛泽东选集》第二卷,人民出版社1991年版,第728页。

结果,世界必然要变成一个世界人民的光明世界,中国必然要变成一个中国人民独立自主的中国,日本帝国主义的一切企图,我们是能够粉碎的。团结,团结,团结,这就是我们的武器,也就是我们的口号。今当本报发刊之始,愿掬至诚,以告国人。"①这说明了中国共产党的使命就是本报的使命,展望未来、信心十足,以期通过"团结,团结,团结"这一武器和口号,以告国人、完成使命!

三篇"发刊词"的结尾,响而亮、短而实、谦虚而不屈。究其主要原因,就事论事、实事求是、以理服人,而不是为了华丽而遣词、为了响亮而造句、为了押韵而对应,具有"豹尾美"!

---

① 《毛泽东文集》第二卷,人民出版社1993年版,第353页。

不偷　不装　不吹

也许睡前喝了一杯红茶之故,今夜难眠。近来一直住在北京国二招宾馆办公,起床翻书还是那几本,好在《毛泽东新闻工作文选》收集的一些短小精悍文章引人入胜。读罢《假话一定不可讲》一文,不由得想起毛泽东的另一篇文章来——《讲真话,不偷、不装、不吹》。这篇文章是毛泽东1945年在党的七大上所作报告的一部分,文中对"什么是偷、什么是不偷,什么是装、什么是不装,什么是吹、什么是不吹"作出风趣的论述。读罢此文,联想当前在编辑文稿中遇到的些许问题,以及看到的一些所谓"写作现象",还是有些捣鼓话,不吐不快。

什么叫偷?偷就是偷东西。毛泽东举例说明:我曾经看到这样的事情,人家写的整本小册子,给调换上几个名词,就说是自己写的,把自己的名字安上就出版了。不是我的,拿来说是我的著作,这是不是偷?《讲真话,不偷、不装、不吹》的回答是肯定的,"是个别的,很少的"。这个问题历来就有的,叫做抄袭。

抄袭的问题既是一种不良文风,也是一种不良社会风气,至今仍有市场,互联网上不时来一个"冒泡"的就是例证。好在各级各类监管尤其网上"曝光",让抄袭成了过街"老鼠",人人喊打、露头就打。但是,另一种现象不得不提。有的作者为发文而撰文,所写文章不但没有学习体会、个人观点,而且连自己的话也没有几句,全是照抄重要讲话,照搬重要文件。这算不算抄袭、什么原因造成、又该如何改进?毛泽东在《假话一定不可讲》中提到这样一条:应当说,有许多假话是上面压出来的。上面"一吹二压三许愿",使下面很难办。这很是值得人们思考和反问,假话如此,"假文"是否这样?请自知者自明,自醒自警自律起来吧!有则改之、无则加勉,千万不能患"青盲症",甚或搞"病急乱投医"那一套。

近些年,马克思主义学院和马克思主义研究院、研究所,如雨后春笋般拔地而起,这是一件大好事,为巩固马克思主义在意识形态领域的指导地位、巩固全党全国人民团结奋斗的共同思想基础起到了应有作用,为服务党和国家工作大局、服务经济社会发展作出了重要贡献。同时要看到,这也是一个新生事物,必然出现新问题,期待新思想新办法予以解决。落实立德树人根本任务,全面推动习近平新时代中国特色社会主义思想进教材、进课堂、进师生头脑,是高校的重要职责。高校通盘考虑,统筹推进学术体系、话语体系、学科体系、教材体系建设的同时,评价体系亟须健全完善。少数学者不同程度地存在着急躁情绪,表现和原因是多方面的,单从撰文与发稿看,亟须防躁降躁,光从用学术讲党的创新理论来说,应当多些真招实法、真情实感,切实让世界知道"学术中的中国""理论中的中国""哲学社会科学中的中国"。

什么叫不偷?毛泽东明确强调:"马克思的就是马克思的,恩格斯的就是恩格斯的,列宁的就是列宁的,斯大林的就是斯大林的,朱总司令讲的就是朱总司令讲的,刘少奇讲的就是刘少奇讲的,徐老讲的就是徐老讲的,哪个同志讲的就是哪个同志讲的,都不要偷。"①可时至今日,有的人还是不愿听、不爱听,倒让人想起 20 世纪 80 年代在家乡莲花小学念书时,班主任老师的口头禅:春风灌牛耳——左耳进右耳出。毛泽东早就说过,"这个事情不好,这是不诚实"。有些人务必认真反思、加以改正,让这样的创作创新创造成为兔子的尾巴——长不了。

什么叫装?装就是装样子,"猪鼻子里插葱——装象"。毛泽东为此问了两个重大问题:为什么世界上出了一个装?为什么会感觉到不装不大好呢?他的回答既客观又宏观,"这是社会的影响,是一种社会现象"。那么,这种社会现象仍存在吗?据前两年中央有关媒体报道:有的人抓理论学习,片面追求聘请知名专家的"高端"和形式上的完美;有的单位热衷于与下属单位签订责任书,将责任书作为自己的"免责牌";有的部门做工作重包装轻实效,一项工作刚起步就急于总结成绩、宣传典型。所有这些,既有形式主义、官僚主义的"影子",更有装的"成色"。

---

① 《毛泽东文集》第三卷,人民出版社 1996 年版,第 349—350 页。

文风与党风、政风紧密相连，直接影响工作开展和社会风气。2017年，我在《人民日报》上刊发过一篇题目为《不良文风要害在"假"》的文章，提到有的领导干部热衷于发文章、出专著，但所言既不触及实际问题，也不回应群众关切。他们之所以要弄出一点动静来，无非是为了显示自己"为官在为""为官有为"，显示自己有水平、有政绩。现在看来，文风上的"假"，实质也是作风上的"装"。

"文风问题上下都有，但文风改不改，领导是关键。"根治不良文风，领导干部要带头示范、以上率下。还应当看到，文风实际上是思想境界和工作作风的表现。领导干部的思想境界高了，工作作风实了，讲话和撰文的水平自然就高了，干部群众自然就爱听爱看了，实际工作也就会有效开展起来。

什么叫不装？就是"知之为知之，不知为不知"。毛泽东讲了孔子和子路的故事，子路是孔子的学生，为人爽直，孔子曾对他说，"知之为知之，不知为不知，是知也"。懂得就是懂得，不懂得就是不懂得。懂得一寸，就讲懂得一寸，不讲多了。前段时间，听人说某高校一位领导干部逢会必讲、一讲就长，常常拖堂，让人不能按时进饭堂。这种"全能型"人才是不是什么都懂，有没有装的成分？诚然，一时不好下结论。但大家应该都有这样的体会，如果是确实要讲的、必不可少，绝大多数听众是能够理解和谅解的，是愿意坐下来、静下心、听下去的。当然，"会讲者"也要静坐常思"半桶水晃荡，一桶水不响"这句熟语的道理，抽空反思"快马不用鞭催，响鼓不用重锤"这句老话的哲理。

众所周知，中国共产党内不允许装。毛泽东说过："不知道不要紧，知道得少不要紧，即使对马列主义知道得很少、马列的书读得很少也不要紧,知道多少就是多少。"①我们共产党人依靠学习走到今天,也必然要依靠学习走向未来。如果有人把学习作为"面子工程",大搞"门面装潢"那一套,这与毛泽东所说的"爱讲假话的人,一害人民,二害自己,总是吃亏"的道理是等同的,于人于己有百害而无一益。"人是要有一点精神的",装是装不出好样子来的。只有做起而行的巨人、不当坐而空谈的矮子,从写作做起、从现在做起,才会从知之不多到知之较多,再到知之甚多。

什么是吹?就是吹牛皮。在党的七大上,毛泽东结合吹牛皮讲了一番道理。他说,在座的同志不是讨论过党的历史吗?大家发言,说内战时期我们养成一种习惯,向上级报告工作,讲好一点、夸大一点才像样子。为此,毛泽东一针见血地指出:其实这样做,有一个问题没有解决,就是我们自己的这个工作是整个人民工作的一部分,是全党工作的一部分,我们都有份,人民都有份。他还以"延安是谁的"为例说:"延安是谁的?延安是全国人民的。我曾经和一个党外人士讲过,有人说延安是共产党的,这是不对的。"②记得毛泽东同一位党外人士讲过,有人说延安是共产党的,这是不对的。说共产党在这里当首长,是正确的,因为这个天下是我们领导老百姓打出来的。

什么是不吹?就是报实数,实报实销。毛泽东说得更加具体、更加明确,"我们的情报要真实,不要扯谎。要把自己领导工作的缺点向人家公开,让大家来参观,看我这个旅有没有马屎、驴屎、有害的微生物,如果有,就来打扫一下,洗干净,扫除官僚主义。"③有人对当前爱说假话、大话的人来了个"写真":说假话张嘴就来,说真话思考半

---

① 《毛泽东文集》第二卷,人民出版社 1996 年版,第 350 页。
② 《毛泽东文集》第三卷,人民出版社 1996 年版,第 351 页。
③ 《毛泽东文集》第三卷,人民出版社 1996 年版,第 351 页。

天。这虽是针对极少数人来说的,但养成了这种习惯,将贻害无穷,务必坚决杜绝。

反对吹牛皮、讲假话,是毛泽东一向的作风。1959 年 6 月,看了新华社关于广东水灾的内部参考材料后,毛泽东在给时任中央书记处候补书记胡乔木、时任《人民日报》总编辑兼新华社社长吴冷西的批语中写道:广东大雨,要如实公开报道。全国灾情,照样公开报道,唤起人民全力抗争。一点也不要隐瞒。政府救济,人民生产自救,要大力报道提倡。团结稳定鼓劲、正面宣传为主,是党的新闻舆论工作必须遵循的基本方针。但是,我们也应当反思自己所写的文章、所作的报道,有没有盯住真问题做大文章、长文章,这是值得每个作者和记者编辑真思真问、真实落实的。

有首老歌唱得好:外面的世界很精彩,外面的世界很无奈。不管外面世界如何,我们一定要有一股闯劲、干劲,假话、大话一定不可讲。针对当前有的人对待领导只说"漂亮话",对待同事只说"赞美话",遇到矛盾总是绕道走,该讲话的时候不讲话,该表态时不表态,必须大力倡导挺直腰杆说真话,坚持原则敢担当,并坚持抵制和反对各种不良言行、不法行为。

"讲真话,每个普通的人应该如此,每个共产党人更应该如此",毛泽东在党的七大上强调:"老实人,敢讲真话的人,归根到底,于人民事业有利,于自己也不会吃亏。"①这是做人的准则,也是撰文的要求。请诸君将其作为座右铭,以此自立自勉。

---

① 《毛泽东文集》第八卷,人民出版社 1999 年版,第 50 页。

政治　文学　印记

露从今夜白,月是故乡明。2021年白露的前一天,听说故乡的莲花书屋即将建成,我甚是心喜,赶紧收拾一些书籍,准备寄去,不经意间,在人民日报出版社2007年出版的《新闻采访方法论》中,看到一张泛黄的《解放军报新闻函授》证书。记忆就像收线的风筝,历经放飞、体验、感悟后,缓缓归来,印刻于脑海的是:新闻=政治的内容+文学的手法。现在想来,亦不全然如此,至少还有时代的印记。

1998年2月至12月,我在解放军报社

函授学习新闻业务,记得第一篇范文就是毛泽东1949年亲笔书写的《人民解放军百万大军横渡长江》。这篇消息报道了横渡长江作战中,中国人民解放军百万大军,从一千余华里的战线上,冲破国民党军队布设的防御阵地,横渡长江,胜利进军的态势。今个,一口气读完《人民解放军百万大军横渡长江》,顿感高屋建瓴、气势磅礴,语言准确精简、感情色彩鲜明,顿生新闻是政治、文学、时代"融合体"的念头,感悟学习新闻写作不急于模仿怎样写,而贵在弄懂为什么这样写。

新闻之所以不是新闻,是名新闻,而实质是政治,原因在于政治人物往往是新闻的主体,是被采访的对象。例如,20世纪30年代,有着"3个S"之称的著名记者:埃德加·斯诺、艾格尼丝·史沫特莱和安娜·路易斯·斯特朗,分别到延安采访了毛泽东、朱德等党和军队领导人。写新闻本不该是政治人物的事情,世界各国领袖亲自写新闻的实属罕见,毛泽东倒是个例外。

为何亲自写新闻?互联网上常见观点有三:一种认为,中国革命是农民革命,队伍中的文人不多,新闻人才尤显匮乏,迫于无奈,毛泽东只能亲自捉笔;另一种认为,青年毛泽东在北京大学旁听过新闻,在湖南创办过刊物,身怀绝技、技痒难熬,关键时刻别人写的新闻稿又不合其意,便拨开众人、拍马上阵;还有一种认为,毛泽东是一位嗅觉异常灵敏的政治家,写新闻是其政治自觉与政治担当的体现。

细一琢磨,上述三种观点都对也都不对。说对,是因为从毛泽东的新闻稿件中均能看到这三种观点的影子;说不对,只因为无论哪个观点均不够全面。新华出版社 1983 年出版的《毛泽东新闻工作文选》,收录 52 篇毛泽东写作和修改的新闻作品。比如,在《对晋绥日报编辑人员的谈话》中,毛泽东指出:"我们的政策,不光要使领导者知道,干部知道,还要使广大的群众知道。"从新闻宣传看,这可不是一般文化人讲得出来的。又如,1945 年,胡宗南欲进攻陕甘宁边区,毛泽东立即写下《爷台山战事扩大》,揭露其预谋,制敌于未动。就新闻人才而言,这是难以企及的,必须懂政治、讲政治,善用政治。再如,1948 年,蒋介石、傅作义偷袭石家庄,威胁已进驻西柏坡的党中央。为此,毛泽东写了《华北各首长号召保石沿线人民准备迎击蒋傅军进扰》,将蒋军之兵力、部署公之于报端,敌虽出兵,见我有备,只好撤回。实际上,当时我军守备空虚,是一出名副其实的空城计。这不仅呈现新闻传播规律,更彰显毛泽东高超的战略定力和卓越的政治智慧。

虽然从政治上着眼,为战略服务,但毛泽东的新闻稿还是写得中规中矩,如时间、地点、人物等"五个 W"一个不少。与一般新闻人的新闻稿所不同的是,其个性化的语言经常跃入眼帘,呈现文学的气息和艺术的美感。

一般说来,新闻语言具有两个源头。其一,电报语,要求简而明。当初报纸的消息均为电稿,到邮电局拍过电报的人都知道,电报以字算钱,逼其少而精、简而明。其二,口头语,要求浅而明。消息不仅要读,而且要听,须话语表达浅显易懂,中心思想简明扼要。

常言道:文如其人,言由心生。语言好似作者的镜子,照见其个性与风采。毛泽东文言文底子好、根基深,长期以电文指导战争和工作,惜墨如金、数字如珠,而且长期与干部、战士、农民生活在一起,声息相通、言语交融,所以能够将电报语、口头语二者完美结合。例如,"锦州攻克,长春解放,该敌走投无路,全部猬集黑山、北镇、打虎山地区,企图逃跑。我军迅移锦州得胜之师回头围歼,飞将军从天而降,使该敌逃跑也来不及。"①这两句话就来自 1948 年 10 月 27 日刊发的消息《东北我军全线进攻,辽西蒋军五个军被我包围击溃》,慢嚼细品,"古文味""电文味"实足,"猬集黑山""飞将军从天而降"更显"书卷气",而"使该敌逃跑也来不及"完全是口语,真谓大俗大雅。

严肃时如宣言,平易处像说话。毛泽东的新闻稿以叙述为主,条分缕析,饱含深情,让人民群众读了不觉深、知识分子看了不觉浅。"和中路军所遇敌情一样,我西路军当面之敌亦纷纷溃退,毫无斗志,我军所遇之抵抗,甚为微弱。此种情况,一方面,由于人民解放军英勇善战,锐不可当;另一方面,这和国民党反动派拒绝签订和平协定,有很大关系。国民党的广大官兵一致希望和平,不想再打了,听见南京拒绝和平,都很泄气。"②放声朗读这段时隔 70 多年,出自《人民解放军百万大军横渡长江》的话语,尽显文艺笔触、体现文学方

① 《毛泽东文集》第五卷,人民出版社 1996 年版,第 180 页。
② 《毛泽东文集》第五卷,人民出版社 1996 年版,第 283 页。

法,彰显义正词严、大气凛然之美。

新闻的定义众多,可概括为最近发生的事实的报道。"最近"是一个时间概念,是指"当下",也含有"时机"之意和"时代"之义。那是不是所有最近发生的事实都会成为新闻?毛泽东说,还有"不闻"和"旧闻"。最近发生的一些事实,由于属于秘密等原因,不会做新闻加以报道,这就是"不闻";有些过了"保密期"才加以报道,如档案解密,诚然已不在"保鲜期"里,亦可称之为"旧闻"。

至于"时机",是想说新闻是"机遇产品"。人们常说,机不可失、时不再来,也就是俗话说的"过了这个村,就没有这个店"。这恰似观察日食现象,并不是想观察就能观察到的,必须有一定的机遇,那就是月球运行到太阳和地球的中间,而且三者形成一条直线排列的情况。这对于记者编辑而言,就是要具备一双"新闻眼",善抓机遇、抢抓新闻。

说新闻作品是"机遇产品",是因为它和其他文字作品比较起来,受机遇的制约更大些,而且是"战略"的,也是"战术"的。例如,一条消息会受到新闻事实是否发生的制约,而即使发生,这块可口的"馅饼",掉到谁的嘴边都不好说。即便你是知道新闻事实的第一人,能否第一时间去采访,同样是个未知数。就算你有了采访稿,或许会被不知情的编辑改得面目全非,最终发不出来也不是没有可能的。所以,人们说机遇可遇不可求,是为有准备的人准备的。

什么是有准备之人?毛泽东说过,"人是要有点精神的"。有精神准备的人会随时注意机遇,决不会放过任何良机。有必要准备的人,一旦机遇出现,就能立即"扑"上去。徜徉在新闻采访里,我们常会听身边人说张三怎么善抓消息,李四如何会抢新闻,实际上他们都是有准备之人,知己知彼,自然看得准、出手快。而平时没有准备的人,即使机遇降临面前,也无能为力。前些年,阅读《人民日报》原总编辑范敬宜的《记者为什么不记》,深有同感:倘若一名记者连最起码的采访笔记都不想记、懒得记,久而久之,又何来有准备之人呢?

关于"时代",是想说新闻是"易碎产品",是一个时代的产物和印记。近来看了几本关于写毛泽东新闻作品的书,有两种观点格外醒目:一种是高度评价毛泽东的新闻作品,尽露"前无古人、后无来者"之意;另一种认为现在的新闻皆为"新华体",言外之意,新闻作品不咋滴。唐代刘禹锡有诗云:"芳林新叶催陈叶,流水前波让后波。"这既是自然规律,更是人生规律。扬古抑今、以今否古,都是不符合人生发展规律的。况且,当今时代与毛泽东那个时代早已天壤之别,新媒体新业态更是层出不穷。

毛泽东的新闻作品写得好,是不争的事实。正是因为好,不仅给后人提供范文,启迪人们去思考新闻为什么这样写;而且让人认识到这种"易碎产品"不是怕重力的压,而是怕时间的洗礼和检验。新闻会留下时代的印记,必须功在当代、事在当下。这不禁让人想起一个作家对一位记者的揶揄:"我们作家是吃草拉奶,你们记者是吃草拉草。"这位记者反唇相讥:"假如要我承认你说得对,那么我要补充一句:有的作家是吃草拉奶,而有的作家恐怕是吃草拉屎。"对于这般论战,如果剔除"吃草拉草"中的讽刺意味,说得亦在理。新闻报道者,事实的报道也。记者吃进去的是事实的"草",拉出来的也必然是事实的"草"。当然,二者不尽相同。拉出来的虽然仍是"草",但经过加工,比原来的"草"更加纯净,更易消化。

"茫茫九脉流中国,纵横当有凌云笔"。《人民日报》原社长范长江说过:作为一个新闻记者,一是必须绝对忠实,必须以最客观之态度,从事新闻工作;二是必须生活于自己正当收入的工作中,绝不拿任何方面的一个铜板的津贴。新闻工作记录时代风云,引领舆论方向。作为党的政策主张传播者、时代风云记录者、社会进步推动者、公平正义守望者的记者编辑,应练就高超的脚力、眼力、脑力、笔力,用生动的笔触、隽永的画面、精彩的镜头,为祖国抒写、为人民放歌。

短些　短些　再短些

　　文章写短比写长难,这是有共识的。至于短文章和长文章哪个效果好,历来仁者见仁、智者见智。1957 年 3 月 10 日,毛泽东同新闻出版界代表座谈时说,报纸文章"短些,短些,再短些"是对的。

　　报上文章长短搭配、文情并茂,在中国共产党内是有传统的。"延安五老"之一的谢觉哉,先后任《大江报》、《红旗》报、《工农日报》主编,《边区群众报》社长。1942 年,他在《解放日报》改版座谈会上提出,写报纸文章就像厨师做菜,总是做大碗肉,容易让读者腻味,应该写一些文情并茂、有针对性、以理服人的小文章,既避免篇篇都是大文章、板起脸孔说话的疲劳,又能改进文风,创作出更多的精致作品。

马克思、恩格斯在批判青年黑格尔派关于思想是历史的真正动力的论点时指出:"思想根本不能实现什么东西。为了实现思想,就要有使用实践力量的人。"英国作家威·赫兹里特也有一句类似的名言,伟大的思想只有付诸行动才能成为壮举。1942 年 4 月至 11 月,谢觉哉以"焕南"为笔名,在《解放日报》上新设"一得书"专栏,连续刊发《把颈骨硬起来》等 60 篇文章。而 60 篇文章有一个相似点:朴实生动、短小精悍、言之有物、平易近人,大都有感而发,娓娓道来,意味深长,为延安整风运动营造了良好舆论氛围,受到毛泽东的好评。

理解报纸文章为何要"短些,短些,再短些",先得清楚何为文章、撰文有何要求、文章何以优质? 所谓文章,有广义和狭义之分。从广义上说,就是有内容的单篇的文字,即能够传达一定的信息,不是口头,而是文字形式。从狭义上看,是指表达思想内容并能够产生美感的单篇文字。1958 年 1 月 21 日,毛泽东在南宁会议上讲到文章、文件要具有准确、鲜明、生动"三性"时说:文章的主要要求是概念明确,判断恰当,前后一贯,合乎逻辑,再就是文字生动,讲究一下辞藻。这不仅提供了评价文章的标准,而且为写文章指明了路径。

报纸文章大致可归纳为讲话、文件、新闻、政论"四大类",其中讲话、文件是广义上的文章,是因某项具体工作而为的,面对专门的工作对象,属于"小众",并非"大众"。新闻虽然面对"大众",但强调事实整体真实,以真为要、以实为美。政论是狭义上的文章,既以思想开导人,又以情动人、以美感人。优质内容的文章往往具有思想美、逻辑美、文字美,大都会得到社会各界的认同和赞赏。不论哪类文章,在毛泽东笔下可信又可爱,需要人们去用心学习、去细心琢磨、去真心借鉴。

报纸文章"短些,短些,再短些",是毛泽东一贯的主张和坚持。早在 1942 年的《反对党八股》中,他就一针见血地指出,我们有些同志喜欢写长文章,但是没有什么内容,真是"懒婆娘的裹脚,又长又臭"。1962 年 12 月 24 日,为讨论和修改《陶里亚蒂同志同我们的分歧》一文,毛泽东致信时任中央书记处候补书记胡乔木:"文章的中幅及后幅有许多空泛的话,应当大力概括,请考虑是否缩减 1000—2000 字。"不仅要求精练文章,更是给出删减字数,可见毛泽东对文字的严谨细致,非同一般。

为何倡导短文章? 在毛泽东的风趣回答中不失讽刺的味道。"为什么一定要写得那么长,又那么空空洞洞的呢? 只有一种解释,就是下决心不要群众看。因为长而且空,群众见了就摇头,哪里还肯看下去呢?"①1955 年 12 月,毛泽东在为《合作社的政治工作》所写的按语中提到,我们的许多同志,在写文章的时候,"有时废话连篇,有时又尽量简古,好像他们是立志要让读者受苦似的"。

文章长而空不好,难道短而空就好? 毛泽东的态度非常坚定,也不好。不言而喻,长与短不是文章的关键所在,最不应该、最要反对是言之无物、华而不实,必须大力提倡实事求是的马克思主义文风。细读中国发展出版社 2019 年再版的《怎样写文章》一书,其中《文章长短不拘》一文讲了一个故事,至今未忘。陆机、陆云兄弟是晋代辞赋名家,有一次,陆云在给哥哥陆机的信中写道:"有作文唯尚多。而家多

---

① 《毛泽东选集》第三卷,人民出版社 1991 年版,第 834 页。

猪羊之徒,作蝉赋二千余言,隐士赋三千余言,既无藻伟体,都自不似事。文章实自不当多。"陆云认为两三千字的文章够长了,又没有文采,内容还空虚,简直不像一回事,这样的文章当然不应该多写。历史是营养剂,更是清醒剂。诸君是不是有过这样的感觉,不经意间读到一篇优质的短文,宛如欣赏一幅中国"山水画",多些留白、少些旁白,反而给人留下更多的想象空间,令人回味无穷,让人乐在其中。

"所谓文者,务为有补于世已矣",是北宋思想家王安石在《上人书》中的观点。"文者,贯道之器也。"器可虚,道必实。道,不仅是自然法则、客观规律,正如先秦思想家韩非子在《解老》中所讲的"道者,万物之所然也,万理之所稽也",而且是世界观、人生观、价值观,要不怎么会有"道不同,不相与谋"的说法?还是方法方式、行为准则,让人既明目标、路径,又知干什么、怎么干和如何干得更优秀、更出彩。文章为何"有补于世"?大抵由文章的性质和实质所决定,与内容长短有无直接关联,尚无考据可查。

事实胜于雄辩,长短自在受众。翻阅毛泽东指挥辽沈、淮海、平津"三大战役"的数百篇长短电文,最长的当属《关于平津战役的作战方针》,但不超过 2000 字,可谓"句句有问题、字字重千钧",因为言之有物、言而得法。

现如今,一些高校和研究机构把在报纸上发表文章作为"硬杠杠",对字数做出"硬规定",使得一些作者总希望自己的文章长些、长些、再长些。这算不算"文字日长、文风日下",应当辩证看。1941年8月26日,毛泽东在《鲁忠才长征记》一文按语中提出 3 个"扫掉":现在必须把那些"下笔千言、离题万里"的作风扫掉,把那些"夸夸其谈"扫掉,把那些主观主义、形式主义扫掉。这既是对改进文风的具体要求,也告诫和启示作者,文章的篇幅长与短、字数多与少,在乎内容好不好、形式美不美,在意读者想不想看、爱不爱看,该长则长、宜短则短。

2018 年,我参加复旦大学召开的青年作者座谈会,当时有人提问:如何才能让文章短下来? 回想自己的写作心路,大致有"三阶段":写不长、短不了、难写长。刚开始总是不敢写、写不长,不是觉得没什么可写的,就是躺下来想法多、坐下来写不出,真有点"惜墨如金"的味道。日子久了,笔头熟了,敢写且爱写,洋洋洒洒、收不住笔,往往"泼墨如水",仿佛什么都说了,事后一看,什么也没有点到位、说透彻。多年以后,在"惜墨如金"与"泼墨如水"间,总觉得难以"笔酣墨饱",正应了那句"曾经沧海难为水,除却巫山不是云"的哲理。细一琢磨,为文章"减肥瘦身",没有什么秘密可言,先得敢写、多写,功到自然成,慢慢就会抵达善写、写短的目的地。

教育是国之大计、党之大计。据教育部 2021 年 3 月 1 日发布的教育事业统计,2020 年全国共有各级各类学校 53.71 万所,在校生 2.89 亿人。其中,普通高校 2738 所,本科院校 1270 所(含本科层次职业学校 21 所);高职(专科)院校 1468 所,各种形式的高等教育在学总规模 4183 万人,高等教育毛入学率 54.4%。我国高等教育进入普及阶段,人民群众的文化水平普遍提高,加之信息来源广、思想观念新,这就要求文章的质量"水涨船高"。文章如何高出一筹,让人心悦诚服? 把"短些、短些、再短些"落到实处,很是关键。因为文章短下来了,自然就有更多时间去搭建结构,有更多精力来精雕细琢。

记得有人说过,写文章如同给恋人写信,每次提笔必然有话非告诉她不可,而且每次有不同的问题,有不同的意思,有不同的语调,让恋人看后感同身受、喜形于色。显然,给恋人写信,当然不能照抄从书店买来的"情书";诚然,写文章决不能搞"临摹"。如果鹦鹉学话、人云亦云,跟山庙和尚反复抄经文一般,没有自己的想法和见解,难以形成个人观点,不仅文章通俗、亲切不起来,而且难以短下来,受众自然不爱看。

无论几十字的新闻消息,还是几千字的通讯,甚或上万字的论文,最关键的莫过于内容,而内容需要新素材支撑。须知新素材源于生活、来自实践,写文章应该像艺术学院的学生写生一样,只有深入社会去观察、去体悟,新素材才会取之不尽、用之不竭。

写文章恰如作工笔画,更多的是需要细线条,如果尽是大写意的粗线条,就会让人看不明、摸不透。把新素材写得具体细致,先得自己体悟真切。只有不停留在表面的漫画般的观察上,对于自己所要写的事情,有过仔细的研究、有过周密的考察,才能有感而发、言必有中。假如自己对于问题没有真知灼见,就会照搬照抄文电,用空话套话甚或假话来凑数。诸如此类的文章,又同百病皆医却无一能医的"广告药"有什么两样呢?

让文章短下来、好起来,对于初学写作者来说,选题很是关键。如果题目大了,侧面就会多,内容就会复杂,就需具备一定的文字驾驭能力。只有把题目范围定得小些、小些、再小些,才能把需要关注的问题研究深刻精到,把想说的观点表达清晰鲜明。党报党刊大都有个"相通处",根据宣传任务需要,不时开设专栏、突出特色,征求优质"千字文",力求一文一事、一事一议,做到有文必有栏、文随栏出。这是作者练手的好机遇,紧盯之、勤习之、多获之。

宋代诗人陆游说:汝果欲学诗,功夫在诗外。人们一般把谋篇布局、遣词造句、写作技法等能力称为"诗内功夫",而把阅历、学养、识悟、操守、精神境界等的修炼称为"诗外功夫"。写好报纸文章,既要磨砺"诗内功夫",又要砥砺"诗外功夫"。这并非一朝一夕之功,是一个长期学习、积累、练笔的过程,但千万不要忘记好文章往往始于短些、成于短些、终于短些。

软些　软些　再软些

今天,中国人因公出国或出境旅游早已司空见惯。一些人也许不曾想到,毛泽东一生仅有过两次出国,而且是在同一个国家。1957 年 11 月,他率领中国代表团访问苏联,这是继 1949 年后第二次出国。所不同的是交通工具,第一次坐火车而行,第二次乘飞机前往。在莫斯科共产党和工人党代表会上,毛泽东讲到团结问题的时候说,我们的支部书记是懂得辩证法的,当他准备在支部大会上作报告的时候,往往在小本子上写上两点,第一点是优点,第二点是缺点。

优点与缺点,就是一分为二,这是个普遍的现象,是辩证法。毛泽东对辩证法情有独钟,关于"左"和右,他说:什么叫"左"倾?什么叫右倾?好像妇女生娃娃,七个月就压出来,就是"左"了;过了九个月不准出来,就是右了。他还说,中国人把结婚叫做红喜事,死人叫做白喜事,我看很有道理。中国人很懂得辩证法的。结婚可以生小孩,母亲分裂出小孩来,是个突变,是喜事。一个人分裂出两个、三个,甚至八个、十个,像航空母舰一样……新事物的发生、变化、灭亡,老百姓都叫喜事。人死了,开个追悼会,一方面哭鼻子,另一方面又觉得是喜事,确实是喜事。你们设想:如果孔夫子还在,也在怀仁堂开会,他两千多岁了,就很不妙!

1957 年 3 月,毛泽东在谈到报上的文章时,不仅要求"短些,短些,再短些",还说"软些,软些,再软些"要考虑一下,强调不要太硬,太硬了人家不爱看,可以把软和硬两个东西统一起来。这是写文章的具体要求,彰显唯物辩证法。

报上文章为何要考虑软些,软些,再软些,可以把软和硬两个东西统一起来?北宋张耒的诗作《春日遣兴》中有云:"日烘烟柳软于丝,桃李成尘绿满枝。"软是柔,是丝。元朝宋无的《咏石》诗有言:"硬性辞斤凿,嵌形欠画传。"硬是坚,是刚。硬为硬,软是软。然而,在实际生活中,时时、处处呈现硬中有软、软中有硬。这不仅体现辩证法,更彰显刚柔相济、相得益彰。

1957 年 11 月 17 日下午 6 时,毛泽东来到莫斯科大学,在会见留苏学生时说,世界上怕就怕"认真"二字,共产党就最讲"认真"。日前,我脱衬衣时掉了两颗扣子,于是找来针线缝,不经意间,儿时看过的一部电影浮现眼帘。一个负责钉扣子的青年工人,平时做事马虎,钉扣子,穿两针,打个结,算完事。有一次,女友约其跳舞,他匆匆忙忙地穿上一身新的西装,五步并作三步来到舞厅。两人跳交谊舞,男士本该左手搭女友肩、右手搂其腰,可就是这位青年急得满头大汗,因为裤子纽扣掉了!他只好双手叉腰,跳一下,又一下,并故作镇定地冲女友笑一下,最终裤子掉到脚跟,招来哄堂大笑。这个臊得满脸通红的青年,回家后找西装出气,一查品牌本厂出品,一找编号本人钉的扣子。吃一堑,长一智。自此,青年钉扣子特别认真,格外仔细。

"认真"始于"马虎",感悟辩证法魅力的同时,让个人想得更多的是,一部几十年前的电影为何入脑入心至今?工人认真做工本是一件严肃的事情,属于硬的范畴,可通过喜剧片这种软的形式,做到软硬兼顾,让人喜闻乐见。

软不是不要原则、不讲原则,恰恰是原则性与灵活性的高度统一。文艺工作离不开软的形式,写报上文章同样如此。毛泽东举例说,你们赞成不赞成鲁迅?鲁迅的文章就不太软,但也不太硬,不难看。他还自言自语道:有人问,鲁迅现在活着会怎么样?我看鲁迅活着,他敢写也不敢写。在不正常的空气下面,他也会不写的,但更多的可能是会写。这是因为,唯物辩证法掌握在真正的马克思主义者手中,不是为了学习而攻读,为了写作而作文,而是学以致用、用以促学、学用相长。俗话说:舍得一身剐,敢把皇帝拉下马。毛泽东一针见血地指出,鲁迅是真正的马克思主义者,是彻底的唯物论者。真正的马克思主义者,彻底的唯物论者,是无所畏惧的,所以他会写。

"为什么人的问题,是一个根本的问题,原则的问题",是毛泽东1942年在延安文艺座谈会上提出的。艺术或文章可以放飞想象的翅膀,但必须脚踩坚实的中国大地。文艺创作或文章写作即便有一百种上千种方法,但最根本、最关键、最牢靠的办法是扎根人民、扎根生活,坚持以人民为中心的创作导向来写文章、搞创作。鲁迅敢不敢写、会不会写,与其熟悉辛亥革命前后底层民众的处境和心情是密不可分的,要不是这样,他也不可能塑造出祥林嫂、闰土、阿Q、孔乙己等栩栩如生的人物来。

写报上文章是一门大学问,需认真学习书本知识,更要不断积累实践经验,真正把软和硬两个东西统一起来。这就要求撰稿人既深知把握舆论导向的重要性,又深谙舆论引导的艺术性,写文章坚持唯物辩证法,把握好时、度、效,充分体现舆论引导的科学性和艺术性,努力做到旗帜鲜明与润物无声有机统一。

把握住时,妥善处理说不说、什么时候说的问题。当今社会,信息来源多元化,但绝大多数人还是相信报纸等主流媒体的。报纸具有引导、监督等功能,提供什么样的信息,对人们会产生重要影响。在这种情况下,报与不报、说与不说,很大程度上考验舆论引导、监督的能力和水平,刊发的文章不仅要合法合规、合乎情理,而且要软硬合适、恰到好处。一般来说,舆论引导重在早、贵在快,尤其面对重大事件和突发事件,需要快速反应、及时发声,做到先人一步、先声夺人。这既是报纸的重要功能,也是对作者的从严要求。平时多关注国内外大事急事难事,常思常写常改,就会具备新闻眼光,关键时刻捉到"活鱼"。

毛泽东强调,在报纸上开展批评的时候要为人家准备好楼梯,否则群众包围起来,他就下不了楼。舆论引导和监督不总是抢的问题,也有缓的学问。对于一些热点焦点和敏感点,事实并未完全呈现,各方仍有较大争议,就需要适当地缓一缓、看一看,不能盲目作判断、匆忙下结论。这些年,我在编辑处理一些文章时,总觉得一些作者有"抢"的心理。例如,一次重要讲话刚发表就开始谈反响,一项重大战略还在进行就开始谈成效,没有很好地处理软与时的关系。作为一位初学者的练笔,这是无可厚非的;而在报上被"铅化",是值得商榷的。

拿捏好度,妥善处理说多少、说多久、怎么说的问题。毛泽东说文章要尖锐,刀利才能裁纸,但是尖锐得要帮了人而不是伤了人。文如器,太软不锐,太硬易折,关键是要拿捏好度。同样一件事情,倘若拿捏分寸不同,就可能产生迥然不同的结果。这是常识和常理,散发出"辩证味"。

烧水差1℃就不开,加热物质过1℃就可能融化。充分发挥报纸功能,贵在把握好度,火候不到或者太过,都可能产生不好效果。这就要求作者掌握火候,拿捏分寸,讲究适时适度。在日常工作中,应当加强学习、用心分析一些重点报纸的报性、版性、栏性,留心观察、认真琢磨什么问题适合在哪些报纸上刊发、什么问题需要跟踪报道、什么问题需要强化或者淡化等关于度的问题,切忌不能把点上的问题说成面上的问题,不能把个别问题说成整体问题,不能把局部问题说成全局问题。当前,一些文稿中存在一种不良现象:有些话说得太满,不是"全国第一"就是"百年一遇",这不符合唯物辩证法,没有处理好软与满的关系,让人觉得不可信,自然不好用。

求最大效,妥善处理说了要管用的问题。一些工作做了,不等于效果就好;内容正确,不等于影响就大。这是办报中的体会,也是推动主力军全面挺进主战场的要求,更是对作者的提醒。要切实发挥报纸功能,真正产生广泛影响、达到满意效果,必须下一番苦功夫、细功夫、巧功夫。

文章的好坏,要看效果,毛泽东说自古以来都是看效果作结论的。时下,一些锐度与温度兼具的短文,叫好又叫座,很好地发挥了引导人、教育人的作用。这启示作者,写报上文章亟须进一步增强读者意识,强化辩证思维,多些说理、少些说教,多些平等交流、少些居高临下,多些真情实感、少些不痛不痒,多些深入实际、少些闭门造车,切实把想传播的信息、想表达的观点融入娓娓道来的笔触中、融入巧妙谋篇的叙事中,让文章活起来、靓起来,更富吸引力和感染力,进一步扩大影响力和覆盖面,真正达到内容更好看、读者更爱看的效果。

什么东西都是旧的习惯了新的就钻不进去,毛泽东指出,这是"因为旧的把新的压住了"。马克思主义新闻观是一把"金钥匙",牢牢坚持、自觉运用,就会找到打开软、硬统一起来这把锁的密码。写报上文章必须始终坚持马克思主义立场、观点和方法,在解放思想中统一思想,在深化认识中提高认识,加深对党性和人民性关系的认识,党性寓于人民性之中,没有脱离人民性的党性,也没有脱离党性的人民性。坚持奔着问题去、找到其根源,对标对表新时代党的理论和大政方针,看所指问题是否真实、原因分析是否客观、话语表达是否得体,千万不能觉得问题找得越尖锐越好,原因剖析得越离奇越好,话语说得越硬气越好。只有看得全面、想得透彻、说得周延,才能把软、硬统一起来,文章才更具说服力、感染力。

生于德国的科学家阿尔伯特·爱因斯坦说过,热爱是最好的老师。在这里,同爱好写作、热心为报纸撰稿之人,共享恩格斯的一句名言:这个领域无限广阔,谁肯认真地工作,谁就能做出许多成绩,就能超群出众。"认真地工作"与"能超群出众",就是一对辩证法。要让"能超群出众"实现"软着陆",就必须在"认真地工作"上下足"硬功夫",做到软硬兼施,方能把软和硬两个东西统一起来。

读懂故事里的哲蕴

德国哲学家马丁·海德格尔,对马克思主义哲学有着深厚的兴趣和深刻的认识,在《人道主义的书信》中,他写道:因为马克思在体验异化时深入历史的本质性维度中去了,因此,马克思主义的历史观优越于其他的历史学。毛泽东是一位哲学家,其哲学思想是马克思主义哲学中国化的产物,是毛泽东思想的重要组成部分。陈云说过,读《毛泽东选集》,先得从《中国革命战争的战略问题》《实践论》《矛盾论》《论持久战》《战争和战略问题》5 篇富有哲学思想的文章看起。

古往今来,人们都有听故事的天性,因为故事通俗易懂,引人入胜。毛泽东是一位当之无愧的故事大师,如在 1949 年新年献词《将革命进行到底》一文中,他引用"农夫和蛇"的寓言故事,以高超的语言艺术、犀利的笔锋,深入浅出地讲述了除恶务尽的道理;1959 年在同《人民日报》总编辑兼新华社社长吴冷西谈话时,他说要学曹操的多谋善断,"反对多端寡要、言不及义"。许多古今中外故事宛如一颗颗耀眼的明珠,镶嵌在毛泽东著作中起到画龙点睛的作用。

故事恒久远,哲理永流传。阅读毛泽东著作,有时因故事体悟哲理,让人豁然开朗、心旷神怡;有时因哲理想起故事,让人忍俊不禁、回味无穷,二者相映成趣、相得益彰。读懂毛泽东所讲故事里的哲蕴,正如他 1953 年在《关于农业互助合作的两次谈话》中所说的,"那是韩信将兵,多多益善"。

亚历山德罗维奇·法捷耶夫是苏联著名作家,《毁灭》是其 1927 年出版的一部长篇小说。在这部小说中,他对游击队传令兵莫罗兹卡的"调兵之术",描写得非常细腻生动。1938 年 4 月 28 日,毛泽东在延安鲁迅艺术学院说:

鲁迅先生在《毁灭》的后记中说到,《毁灭》的作者法捷耶夫是身经游击战争的,他描写调马之术写得很内行。像上马鞍子这类细微的动作,《毁灭》的作者都注意到了,鲁迅先生也注意到了。这告诉我们,大作家不是坐在屋子里凭想象写作的,那样写出来的东西是不行的。《红楼梦》这部书……描写柳湘莲痛打薛蟠以后便"牵马认镫去了",没有实际经验是写不出"认镫"二字的。事非经过不知难,每每一件小事却有丰富的内容,要从实际生活经验中才会知道。①

　　鲁迅先是把《毁灭》的日译本译成中文,后参校英译本和德译本,于 1931 年由上海三闲书屋出版单行本。在《毁灭》的后记中,他写道:泰茄的景色,夜袭的情形,非身历者不能描写,即开枪和调马之术,也都是得益于实际的经验,绝非幻想的文人所能着笔的。因此,毛泽东列举"像上马鞍子这类细微的动作",也"要从实际生活经验中才会知道";并联想到《红楼梦》中的"认镫",进一步说明没有丰富的实际生活经验,就不可能写出形象逼真的细节。这也折射出"细节决定成败"的哲理。

　　文章细节的描写,常常引人入胜,令人记忆犹新。在这方面,鲁迅就是一位行家里手。在小学上过《少年闰土》一课的人,应该都记得少年闰土教少爷鲁迅捕鸟的细描:"这不能。须大雪下了才好,我们沙地上,下了雪,我扫出一块空地来,用短棒支起一个大竹匾,撒下秕谷,看鸟雀来吃时,我远远地将缚在棒上的绳子只一拉,那鸟雀就罩在竹匾下了。什么都有:稻鸡,角鸡,鹁鸪,蓝背……"这是实感与真情的结合,不仅让人可以模仿,而且留下一段童趣,现已成长为乡愁。

　　正因如此,毛泽东指出"这告诉我们,大作家不是坐在屋子里凭想象写作的,那样写出来的东西是不行的",强调亲身经历和深入生活的重要性。这涉及把文章写在大地上的问题,彰显唯物史观。正是在延安鲁迅艺术学院,毛泽东还说:高尔基的"生活经验丰富极了,他熟悉俄国下层群众的生活和语言,也熟悉俄国其他阶层的实际

_____

① 《毛泽东文集》第二卷,人民出版社 1993 年版,第 123 页。

情形,所以才能写出那样多的伟大作品"。

马克思主义认为,历史是人民群众创造的。人民群众的社会实践,是知识常新的源泉,也是检验真理的试金石。读懂高尔基"所以才能写出那样多的伟大作品",真正把文章写在大地上,先得弄懂毛泽东的群众情结。

在毛泽东心目中,群众是一个神圣不可侵犯的词汇。对于群众,毛泽东用过民众、工农大众、人民大众和人民群众等不同称谓,并有过具体的划分。1942年,他在延安文艺座谈会上提出:什么是人民大众呢? 最广大的人民,占全人口90%以上的人民,是工人、农民、兵士和城市小资产阶级。这四种人,就是中华民族的最大部分,就是最广大的人民大众。新中国成立后,他指出"必须坚定地信任群众的多数,首先是工农基本群众的多数,这是我们的基本出发点",并强调"要为大多数人民谋利益,为中国人民大多数谋利益,为世界人民大多数谋利益,不是为少数人"。

正是群众情结,毛泽东始终关注党群关系、干群关系并紧抓不放。他认为"党群关系好比鱼水关系。如果党群关系搞不好,社会主义制度就不可能建成;社会主义制度建成了,也不可能巩固",要求干部多"到下面去走一走,看一看,遇事多和群众商量,做群众的小学生"。这些思想在毛泽东著作中均有体现,如1956年11月在中共八届二中全会上,他告诫与会者:

县委以上的干部有几十万,国家的命运就掌握在他们手里。如果不搞好,脱离群众,不是艰苦奋斗,那末,工人、农民、学生就有理由不赞成他们。我们一定要警惕,不要滋长官僚主义作风,不要形成一个脱离人民的贵族阶层。谁犯了官僚主义,不去解决群众的问题,骂群众,压群众,总是不改,群众就有理由把他革掉。①

除了解决好党群关系、干群关系的问题,毛泽东还十分关注人民群众的切身利益和冷暖安危。1958年,毛泽东读了6月30日《人民日报》关于江西省余江县消灭血吸虫的报道后,"浮想联翩,夜不能寐",身感"微风拂煦",眼见"旭日临窗",他"遥望南天,欣然命笔",一口气写下两首七律《送瘟神》。

（一）

绿水青山枉自多,华佗无奈小虫何!

千村薜荔人遗矢,万户萧疏鬼唱歌。

坐地日行八万里,巡天遥看一千河。

牛郎欲问瘟神事,一样悲欢逐逝波。

（二）

春风杨柳万千条,六亿神州尽舜尧。

红雨随心翻作浪,青山着意化为桥。

天连五岭银锄落,地动三河铁臂摇。

借问瘟君欲何往,纸船明烛照天烧。②

这两首诗用鲜明对比的手法,一忧一喜,一抑一扬,生动表达了农家出身的毛泽东,对长年遭受血吸虫折磨的广大农民的深切同情,

① 《毛泽东年谱(一九四九——一九七六)》第三卷,中央文献出版社2013年版,第34页。

② 《毛泽东年谱(一九四九——一九七六)》第三卷,中央文献出版社2013年版,第381页。

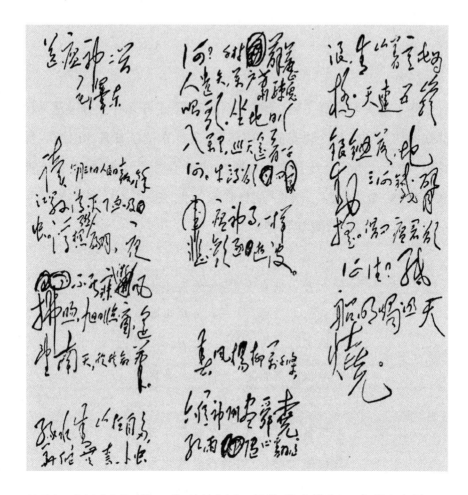

以及经过新中国医护工作者的努力，最终送走横行一方的"瘟神"血吸虫的无比畅快。

群众情结是毛泽东人生中最纯朴的色彩，也是其生命本色和政治本色的体现，从中人们不难感受到他那浓郁的赤子情怀。在长期的革命和建设中，正是因为以毛泽东同志为主要代表的中国共产党人心中始终装着人民，坚持走群众路线，我们的革命斗争才会取得胜利，我国的社会主义建设事业才能得到人民群众的坚定支持和拥护。这既是历史真理已有的应验，也是历史给予人们永远的启迪。其中，对作者的启示是：只有弄清为谁写作、怎样作文，才能把文章写在中国大地上。

宋玉是战国时期的楚国辞赋家，写过一篇以风为描写、议论对象的小赋——《风赋》。1958 年 5 月，毛泽东在中共八大二次会议上说，《风赋》写了小风、中风和大风，"领导干部要特别注意"识别"起于青蘋之末"的小风。

"夫风生于地，起于青蘋之末，侵淫溪谷，盛怒于土囊之口。"这里写了一个辩证法。风有小风、中风、大风。"起于青蘋之末"，他说风就是从那个浅水中小草的尖端起的。"侵淫"，就是慢慢地，逐步逐步地。"溪"就是河川；"谷"就是河谷。"溪谷"就是在那两个高山中间的山谷。"盛怒"就是生了大气了。"土囊之口"，大概是三峡那个地方。从四川刮起一股风，通过三峡，叫"土囊之口"。有书为证，你们去翻那个《昭明文选》第四十五卷，我昨天还翻了一下。问题是这个风"起于青蘋之末"的时候最不容易辨别，我们这些人在一个时候也很难免。①

这个关于识别风向的故事，写了一个辩证法：大风好辨别，小风难辨别，领导干部要特别注意这种小风。它意在提醒人们注重那些处于初始状态还不太明显的事情，提高识别社会风向的能力，进而把问题解决在萌芽状态。

为什么要提高识别风向的能力，怎么样才能提高识别风向的能力？还是在这次会议上，毛泽东又讲了一个故事。

---

① 《毛泽东年谱（一九四九——一九七六）》第三卷，中央文献出版社 2013 年版，第358 页。

　　唐朝有个刘知幾,是个写历史的人,他主张写历史要有三个条件,就是才、学、识。才是才能,学是学问,识就是识别风向。我现在特别提醒同志们注意的是,我们应该有识别风向的能力,要提高这种识别力,这一点有极端的重要性。一个人尽管有才有学,如果不善于识别风向那还是很迟钝的。①

　　刘知幾著有中国第一部史学评论专书——《史通》,提出史家须兼史才、史学、史识三长,而尤重史识。毛泽东欣赏他的史识之说,将其引申为识别社会上各种政治风向的能力,意在强调领导干部要有高度的政治敏感性和很强的政治鉴别力。

　　这也告诫作者,写文章应辩证看待才、学、识与时、度、效的关系,识与时属于第一位的,方向和时机把不准,一切皆为枉然,甚或适得其反。当然,才是前提、学是基础,识很大程度上源于才和学,但有才有学,不一定就有识。掐捏文章的度,既离不开才和学,更离不开识和时,这是一种辩证法。相对于才和学,可深可浅,可长可短;相对于识和时,该快则快、该缓则缓,有时该叫停。只有这样,文章才能取得最大的成效,达到既定的目标。

　　毛泽东著作中的故事,不是一篇小文章能讲全的;故事中的哲蕴,也不是一篇小文章能悟尽的。唯有多学、多思、多践、多悟,才能"积跬步,以至千里;汇小溪,以成江海",而这对于写文章大有裨益。

---

　　① 《毛泽东年谱(一九四九——一九七六)》第三卷,中央文献出版社2013年版,第356页。

十月怀胎　一朝分娩

　　调查就像"十月怀胎",而解决问题就像
"一朝分娩",这句出自毛泽东名篇《反对本
本主义》中的话,形象地说明了调查就是解
决问题。毛泽东还说,我的经验历来如此,凡
是忧愁没有办法的时候,就去调查研究,一经
调查研究,办法就出来了问题就解决了。理
解把握处理"十月怀胎"和"一朝分娩"的关
系,对于搞好调查、解决问题以及提高写作能
力,都有着现实的针对性、指导性。

　　"十月怀胎"是为了"一朝分娩",弄清问
题是前提,解决问题是目的。1941 年 9 月 13

日,毛泽东在延安对中央妇委和中共中央西北局联合组成的妇女生活调查团说:"我们的调查工作,是要有耐心地、有步骤地去工作,不要性急。我自己认识农村,就是经过好几年的工夫的。"而"好几年的工夫",就是好几次"十月怀胎"。为了弄清农村阶级的结合问题,1927 年毛泽东前后用 32 天调查了长沙、湘潭、湘乡、衡山、醴陵五县,但他仍认为,在当时对于农村阶级的结合,不是十分了解的。1930 年 5 月作了寻乌调查,他才弄清富农与地主的问题,提出解决富农问题的办法,不仅要"抽多补少",而且要"抽肥补瘦"。而贫农与雇农的问题,他是在当年 10 月兴国调查后才弄明白的。

历史之河潜流涌动,其大潮在向前奔腾的同时,会因暂时遇到障碍而出现曲折与回潮。1932 年的中国共产党,可谓是激荡曲折之年,"左"倾教条主义在中央根据地逐步占据统治地位。几番调查研究,才弄清的"抽多补少""抽肥补瘦"解决富农问题的办法,在党内却被"当权派"否定。所以,毛泽东1941 年对妇女生活调查团说:"当时有人骂我是富农路线,我看在当时只有我这办法是正确的。"

关于调查路途上的风餐露宿,或者说"十月怀胎"过程中的酸甜苦辣,1958 年 1 月 28 日,毛泽东在最高国务会议上有过两段讲话,很是值得学习与思考。

毛泽东说:明朝那个江苏人,写《徐霞客游记》的,那个人没有官气,他跑了那么多路,找出了金沙江是长江的发源。"岷山导江",这是经书讲的,他说这是错误的,他说是"金沙江导江"。毛泽东还说:我看《水经注》作者也是一位了不起的人。他不到处跑怎么能写得那么好? 这不仅是科学作品,也是文学作品。

《孟子·尽心下》曰:尽信《书》,则不如无《书》。这既是精辟透脱的读书法,更是要求读者善于独立思考问题。如果徐霞客迷信经书上的"岷山导江",就写不出"金沙江导江"。如果《水经注》的作者——郦道元"不到处跑",就不会"写得那么好"。这启示作者,读书、写作都要有一种质疑精神。诚然,质疑不是个人成天关起门来疑神疑鬼,而是放下身段、"没有官气",到处走走、"跑了那么多路",才能"找出了金沙江是长江的发源"这一重大发现,写出《水经注》这部科学作品、文学作品。

"十月怀胎"关键在"一朝分娩",是早产还是难产、需顺产还是剖腹产,与妇产科主治医生的经验、技术和方法密切相关。对此,毛泽东曾两次讲到"三打祝家庄"的故事。

1937 年 8 月,毛泽东在《矛盾论》中说:"《水浒传》上宋江三打祝家庄,两次都因情况不明,方法不对,打了败仗。"谈到第三次打祝家庄的时候,他认为正是"从调查情形入手"才"打了胜仗"。毛泽东的原话是这么讲的,宋江"后来改变方法,从调查情形入手,于是熟悉了盘陀路,拆散了李家庄、扈家庄和祝家庄的联盟,并且布置了藏在敌人营盘里的伏兵,用

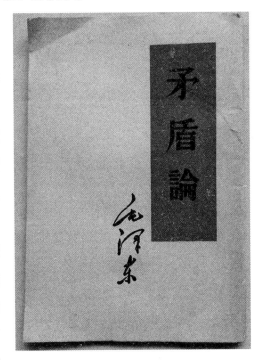

了和外国故事中所说木马计相像的方法,第三次就打了胜仗"。①

---

① 《毛泽东选集》第一卷,人民出版社 1991 年版,第 313 页。

1959 年 2 月 2 日，毛泽东在郑州中央工作会议上说："问题就是矛盾，要发现、认识、解决矛盾。"他特意提到"三打祝家庄"，说"这个戏就是解决几个矛盾"，并认为"头两次失败了，第三次，先解决第一个矛盾，由石秀化装去探庄，弄清了盘陀路，解决道路问题。解决第二个矛盾，就是分化三庄联盟，孤立祝家庄，祝家庄、扈家庄、李家庄，结成统一战线，扈三娘、李应都是很厉害的。结果是各个击破，先把李应拉过来，扈家庄是用武力解决的。解决第三个矛盾，就是对祝家庄这个内部堡垒情况不了解，这才有孙立的假投降，里应外合，最后打进去了。"

采取讲故事的形式，毛泽东从哲学层面说明要解决矛盾，克服难解，必须"从调查情形入手"去认识矛盾的特殊性，才能找到和运用正确的办法去解决它。前两次打祝家庄之所以失败，就是因为"情况不明，方法不对"。这不仅教给作者写作的认识论、方法论，而且指明了文章表现形式和话语表达方式。

时下，有的作者总爱"闭门造车"，文章"完工"后，才想起到外面去走走、看看、问问，见到有的社会现象，与文中表述相似就窃喜，觉得个人甚是"高明"，有"未卜先知"的能耐。实质上，此类文章或调查报告是事先设定标准和目标，作者在做同类项"选择题"，符合条件的择之，与要求不符的弃之，至于有多少针对性和指导性，还真不好说。

从"十月怀胎"到"一朝分娩"，妇产科主治医生的思路是否对头、方法能否对路，尤显珍贵。1939 年 5 月 5 日，毛泽东在延安同萧三谈话时说：蒲松龄很注意调查研究。他泡一大壶茶，坐在集市上人群中间，请人们给他讲自己知道的流行的鬼、狐故事，然后回去加工……不然，他哪能写出四百几十个鬼与狐狸精来？

1941 年,毛泽东还对妇女生活调查团说:"当我们观察一件事物时,第一步的观察只能看到这件事物的大体轮廓,形成一般概念。"①他举例说:好比一个初来延安的人,开始对延安的认识只是一般的、笼统的。当他参观了抗大、女大以及延安的各机关学校后,就会采取分析法把延安的各部分有秩序地加以细细地研究和分析,然后把各部分的分析加以综合,得出一个整体的延安。这时,对延安就有了科学的认识和具体的了解。其实,这种方法论不是毛泽东的发明创造。马克思的《资本论》就是用这种方法来写成的,先分析资本主义社会的各部分,然后加以综合,得出资本主义运动的规律来。

分析与综合相结合的方法论,是调查的重要方法,也是写作之道和解决问题的一把钥匙。古人讲:文章之道,有开有合。"合"是指"综合"。毛泽东在肯定宋代大学士苏东坡用"八面受敌"法研究历史的同时,也采用"四面受敌"法,即把当时中国社会分成政治、经济、文化、军事四个部分来研究,从而得出了中国革命的结论。

"谁是我们的敌人？谁是我们的朋友？这个问题是革命的首要问题。"阅读《中国社会各阶级的分析》,人们就会眼前一亮,不仅看到当时中国社会的各个侧面,而且见到全社会的完整画面。在这篇调查报告中,毛泽东先深入、具体地分析社会各个阶级和阶层的经济状况,及其对中国革命的政治态度,然后进行综合,指出一切勾结帝国主义的军阀、官僚、买办阶级、大地主阶级以及附属于他们的一部分反动知识界,是我们的敌人。工业无产阶级是我们革命的领导力量。一切半无产阶级、小资产阶级,是我们最接近的朋友。那动摇不定的中产阶级,其右翼可能是我们的敌人,其左翼可能是我们的

---

① 《毛泽东文集》第二卷,人民出版社 1993 年版,第 380 页。

朋友。

读罢《中国社会各阶级的分析》，让我忆起 2015 年在江西寻乌调研的往事。现在印象最深的是，脐橙树得了黄龙病会让农户致贫或返贫。为此，一行七人组成的调研组，在《人民日报》上作了相关宣传报道。令人遗憾的是，没有交出一份像《寻乌调查》那样有分量、有价值的调研报告来。

一天，毛泽东问红四军宣传队的同志："你们在寻乌作了调查没有？"宣传队的同志回答说："调查了。"他又问："那么，你们讲一讲寻乌做生意哪一类最多？"这一问，把大家问住了。这时有个别同志说："大概是做豆腐的最多吧！"他接着问："就算做豆腐的最多吧。那么你们再说一说，寻乌哪几家做豆腐做得最好？"对这些问题，宣传队的同志都答不上来。最后，他笑着给大家回答了前面几个问题。事后，宣传队的同志分头下去调查，结果和毛泽东讲的完全一样。

为什么记得这么翔实、清楚？看过收录在《毛泽东农村调查文集》的七份调查报告，我才有所悟。毛泽东凡作调查，目的非常明确，针对性很强。调查期间都是亲自做记录，结束后亲手撰写调查报告。从这七篇调查报告看：长的达几万字，如《寻乌调查》8 万多字，《兴国调查》3 万多字，《长冈乡调查》2 万多字，《才溪乡调查》1 万字左右；也有短的，如《东塘等处调查》5000 字左右，《中国佃农生活举例》3000 字左右，《木口村调查》不足 2000 字。这为当时党和红军了解农村和城镇的情况，研究革命斗争中存在的突出问题，制定正确的方针政策，提供了一手材料和重要依据；也为后人研究中国农村和城镇的经济、政治和各种社会状况，提供了宝贵的历史资料。

走出对往事的回忆，我倏忽想起毛泽东的一句话：失散多年的"孩子"终于找回来了。这是事出有因、话出有缘的。当年，毛泽东在寻乌写下两篇著作——《寻乌调查》《调查工作》，让人惋惜的是，《调查工作》在转战中不幸遗失。毛泽东曾多次与人谈起它，说想念这篇文章就像想念自己的孩子一样。几十年后，当此文呈现在毛泽东面前时，他高兴地说了这句饱含深情的话。毛泽东1961年将《调查工作》的题目改为《关于调查工作》，1964年又改成《反对本本主义》。

时下，有人习惯坐在机关听汇报，用微信要材料，自然得不到真实情况，更遑论解决问题。克服这些毛病的办法，就得向毛泽东学习，大力倡导务实的调查研究作风，深入基层、蹲在一线，把"十月怀胎"和"一朝分娩"结合起来，多生优育一些健康又可爱的"娃娃"来。

有物有序的"报笔"

清代史学家赵翼曾论诗:李杜诗篇万口传,至今已觉不新鲜。江山代有才人出,各领风骚数百年。先不论其对与错,关键是李白、杜甫尚存诗篇多少?查阅资料:《李白全集》收录 1010 首诗歌,其中代表作有《望庐山瀑布》《将进酒》等;杜甫创作 3000 多首诗,全唐诗收录 1445 首,其中代表作有《登高》《春望》等。毛泽东一生到底撰写和修改过多少文稿?最早和最晚的是哪两篇?应该都是大多数人想知道的。据《人民日报》2013 年刊发的《宝贵的精神财富 伟大的领袖风范——回忆毛泽东同志藏书和文稿整理保管工作》载:中央档案馆保存着 4 万多件文稿,最早的是 1912 年的一篇作文《商鞅徙木立信论》,最晚的是 1976 年 6 月 28 日的"国内问题要注意"。

兴趣使然,找来《商鞅徙木立信论》一阅,短短 500 字,却得到湖南全省高等中学(今长沙市第一中学)时任国文教员柳涤庵 150 字的眉批和总评:"实切社会立论,目光如炬,落墨大方,恰似报笔,而义法亦入古。逆折而入,笔力挺拔。历观生作,练成一色文字,自是伟大之器,再加功候,吾不知其所至……是有功于社会文字。"①闭目不难想象,柳涤庵批阅时的喜悦与慰藉,对这篇见解独到、文笔一流的作文,除了赞美、推崇、激励,应该还有超出尊重的敬畏。

新中国成立后,毛泽东向曾任校长符定一打听柳涤庵老师的下落,得知"此人早已谢世,子孙后代情况不明"后,他深感遗憾:可惜了。袁大胡子不喜欢的梁启超式的新闻记者的手笔,是我向柳涤庵老师学来的。那篇《商鞅徙木立信论》,他给了我 100 分。细读这篇文章以及眉批和总评,让人想起我国先哲们对写作提出的有物有序要求,思考起如何撰写有物有序的"报笔"来。

"报笔"是一种引领,是时代变革的先声,是社会风向的潮涌浪卷,被毛泽东称为梁启超式的新闻记者的手笔。王韬是我国近代最早创办报刊印刷企业的一位有实业家身份的报人,其报刊思想主要表现为,立言、御辱、尚简。19 世纪 70 年代,他就在《循环日报》上用浅显易读的文字写时事评论,提倡"文章贵乎纪事述情,自抒胸臆,俾人人知其命意所在,而不如我怀之所欲吐,斯即佳文"。开文章之新体,激民气之暗潮。我国近代思想家梁启超更是一心想用笔惊醒

---

① 《毛泽东年谱(1893—1949)(修订本)》上卷,中央文献出版社 2013 年版,第 12 页。

国人睡梦,主笔《时务报》时期,撰写的《论报刊有益于国事》等文章,文体独具一格,令人耳目一新,深得青年毛泽东的赞赏、学习、模仿。

中国是文化大国,也是文章大国。向来说文章有汉司马、唐韩柳、宋东坡、清康梁,群山逶迤、连绵不绝,而毛泽东就是这群山中的高峰。他从参加北京大学新闻研究会,到创办《湘江评论》,再到第一次国共合作期间代理国民党中央宣传部长并主编《政治周报》,期间孕育了丰富的办报思想。我国革命和建设时期,他高度重视报刊在"扩大政治影响,争取广大群众"中的重要作用,经常撰写、审阅和修改《解放日报》、新华社和《人民日报》的重要社论,撰写了若干关于新闻宣传工作的重要论述,集中体现了毛泽东的办报思想。

日前,有人跟我讨论"报笔"的含义,认为其专指报上文章的笔锋。其实,为文终是为人。把"报笔"拓展和延伸至毛泽东的办报思想也无妨,这对于当下撰写有物有序的"报笔",既有意思又有意义。

"为了使中华民族得到解放,为了实现人民的统治,为了使人民得到经济的幸福",毛泽东1925年在《〈政治周报〉发刊理由》一文的开头,就提出"为什么出版《政治周报》?为了革命。"1926年至1927年,《政治周报》对沙面罢工、五卅运动等进行大力宣传,"使民众认识了本党及本党之目的,一变从前怀疑本党的态度",取得了极大的对外宣传效果。土地革命战争时期,他在《古田会议决议》中指出,忽视办报宣传,"实际上就等于帮助统治阶级削弱红军的势力"。延安时期,他提出"应该把报纸拿在自己手里,作为组织一切工作的武器"。1943年,国民党企图发动第三次反共高潮,毛泽东组织宣传反击战,要求各地报纸、通讯社揭发国民党的阴谋,从而达到"制止内战,惩办挑拨分子"的目的,以"援助陕甘宁边区之自卫斗争",最终迫使国民党第三次反共计划胎死腹中。

这启示爱好写作之人,撰写有物有序的"报笔"需弄清办报目的。有人曾和我聊起一些党报理论文章多是"熟人老面孔",好像大姑娘总爱躲在闺房不愿出门,弄得一时难见一张姣美面孔似的。究其主要原因,与办报目的不明确不无关联。理论版虽然是"思想纸",但它是报纸的理论版,是"新闻纸"必要条件下的"思想纸",所以不能总是"旧瓶装老酒",需要经常"新瓶装新酒",至少"新瓶装老酒"。

"报纸一定时期要有一定的方向",毛泽东强调"集中火力配合党在这一时期的中心任务"。1937 年全民族抗日战争爆发,针对党内外对抗战前途的悲观情绪,他要求动员报纸、刊物、通讯社等媒体,向前线官兵和全国人民宣传"抗战到底,反对投降妥协"的抗战理念。我们党在某一具体历史时期的中心任务是不断变化的,毛泽东十分重视观察形势变化,以制定正确的宣传方针。1946 年 5 月,为配合政治谈判,他致信新华社、《解放日报》社代理社长兼总编辑余光生:从二十三日起,摩擦消息暂停广播;6 月,蒋介石以 30 万大军围攻中原解放区,为适应新的形势,他再次致信余光生"从现时起,凡各地蒋军向我进攻之消息,均请发表并广播",集中火力"予以揭穿",有力地声援了中原突围。

这启示爱好写作之人,"政治家办报"和"开门办报"是相统一的,撰写有物有序的"报笔"需弄清不同时期报纸宣传的中心任务,把握好时、度、效,写作和刊文方能有的放矢、得心应手,才能真正履行好围绕中心、服务大局的基本职责。

"深入群众,不尚空谈",毛泽东一贯坚持报刊宣传要密切联系群众,及时反映群众生产生活。1931 年 3 月,他亲自草拟和颁布《普遍地举办〈时事简报〉的通令》，指出红色区域举办《时事简报》的目的在于"提高群众的斗争情绪，打破群众的保守观念"。1942年3月，他在为《解放日报》题写"深入群众，不尚空谈"八字方针的同时，严肃批评了"脱离群众、脱离生活、脱离实际"的错误，以督促《解放日报》的改版工作。

这启示爱好写作之人，撰写有物有序的"报笔"需认真学习和研究党的大政方针，及时解读和宣传党的政策，表明党的立场，从而达到"让群众知道自己的利益，自己的任务，和党的方针政策"的目的。前两天，新华出版社的高广志副社长问我有没有看到一位经济名家的"大作"，大约是想说，4000多字讲了"十大"问题，平均"一大"400字左右。找来一阅，让人最先想到《左传》中的一句话：华而不实，怨之所聚也。

时势不同，"报笔"因之而变。时下撰写有物有序的"报笔"，既是交流思想、传播经验的一种方法，也是整理经验和思想，使之明确化、条理化的一种方法。只要方法得当、肯下真功，就会见实效、达目的。

有物，就是要有内容。有内容才有选择，如做衣服，先买布匹，后谈裁剪。优质的内容从哪里来？文章是思想的反映，一个来自直接经验，如生活体验和感受；另一个来自间接经验，如读书看报等。如果缺少这两个"源头活水"，那就是巧妇难为"无米之炊"。有人会惊讶地说，可以发挥想象力嘛！问题是没有积累，哪来"想象火花"？其实，这是很好理解的。收看电视连续剧《西游记》的时候，大家也许都想过或问过：唐僧取经九九八十一难，妖魔鬼怪从哪里来的？作者吴承恩的丰富想象力，缘于他读过玄奘写的《大唐西域记》，了解自己所处的时代。

在《人民日报》理论编辑岗位上工作多年,一些作者经常会这样提问:你们报上现在需要什么文章?我能写点什么?刚开始,我总是一张"婆婆嘴"说这说那、没完没了。2019年还突发奇想,打包自己刊发过的文章,出版了一本《理论短文如何写》。今个只想说的是,撰写"报笔"前,实际上个人的头脑里就有了一些值得写的东西:在工作中积累的经验,并认真地考虑和总结过;对于某个问题做过研究,通过归纳和总结得出了一定的结论。

有序,就是要有条理。写文章需要考虑如何开头、结尾,如何分层次、分段落,这是整理自己的思想,取得必要的条理。而把每一个字、每一句话、每个标点"铅化"于报上时,文章的思想是清楚还是模糊、是深刻还是肤浅、是严密还是粗略,均历历在目、一目了然。这就有一个思想条理化的过程,大致会经历三个阶段:思想酝酿阶段,这个时候思想仍在自己的头脑里"转圈",是不够明确的,可以找人聊聊、出出主意;话语表达阶段,就是把想要说的内容提炼成观点,试着大胆地讲出来,如果身边人听得懂,说明思想较为明确了;文字呈现阶段,撰写成文,放上几天,再作推敲,思想就会慢慢趋于成熟。

曾有人说抽一支烟的工夫,就能写好一篇"千字文",尝试多年,我不能及。下笔千言、一挥而就的情形是有的,但倘若不是粗制滥造,至少需具备两大条件:对党言党语十分熟练,已达到运用自如的境地;对所要表达的思想预先酝酿得非常成熟,连细节都考虑到了。诚然,对思想的条理化永无止境,即便一次能写成的文章仍可以继续修改。通常做法是,一篇文章写成后,经过反复推敲、修改,甚至几次重写。这就是要让文章有物有序、二者相统一。

曾有人向我打听撰写"报笔"的"终南捷径",扪心自问,至今寻而未果。如果不曾见过太阳从地平线上升起,不曾听过小溪潺潺的流水声,不曾听过头顶小鸟的歌唱,也不曾嗅过泥土的芬芳,让人怎样写风景、抒胸臆？也就是说,没有实践,哪来的思想,如何去行文？所以说,"报笔"的内容是第一位的、条理次之,暂且称之为有物有序吧！

看似《无题》却有缘

　　前些年,社会上出现过一种"鲁迅文学"现象:无论教科书增加还是减少鲁迅的文章,都会引起网上网下广泛关注。反思这一文学现象,我特意阅读毛泽东1937年写的《论鲁迅》,并特别留意鲁迅文化观。

　　七七卢沟桥事变之后,中国人民抗日战争全面爆发。中国共产党支撑起中华民族救亡图存的希望,成为全民族抗战的中流砥柱。党中央所在地延安成为人们向往的圣地,很多热血青年是打断骨头连着筋、扒了皮肉还有心,只要还有一口气,爬也要爬到延安城,延安先后成立了抗日军政大学、陕北公学和鲁迅艺术学院。1937
年10月,陕北公学召开纪念鲁迅逝世一周年的纪念大会,毛泽东作
了关于论鲁迅方面的演说,称他为"现代中国的孔夫子"。

细究鲁迅文化观,其一以贯之的地方,就是在文化的民族性和世
界性之间,着眼于二者的调适和兼容,以及在这一基础上的创造性发
展,其旨归是让中国人站起来并融入世界潮流中去。这似乎有些书
面化,阅读《毛泽东年谱》第五卷中的一段记载,直白多了。1962年
1月12日晚上,毛泽东会见以日本社会党顾问铃木茂三郎为团长的
日本社会党访华团。当日本客人谈到他们非常喜欢毛主席去年为他
们书写的鲁迅的一首诗时,毛泽东说:鲁迅的那首诗是写给中国人民
的。如果它对你们有帮助,那就好。这不是我对你们的帮助,是鲁迅
对你们的帮助,鲁迅对日本人民是有感情的。

鲁迅对日本人民的感情,来自何处、有何体现? 原来,事情是这
样的。1961年10月7日上午,在会见日中友协代表团、日本民间教
育家代表团等日本客人时,毛泽东说:尽管斗争道路是曲折的,但是
日本人民的前途是光明的,日本人民是有希望的。鲁迅是中国黑暗
时代的伟大革命战士、文学战线的领导者。他写了一首诗《无题》:
"万家墨面没蒿莱,敢有歌吟动地哀。心事浩茫连广宇,于无声处听
惊雷。"这一首诗,是鲁迅在中国黎明前最黑暗的年代里写的,说明
他在完全黑暗的统治下看到了光明。我把我书写的这首诗送给
你们。

在这里,不仅鲁迅文化观的民族性和世界性跃然纸上,而且从中
可以看出,毛泽东和鲁迅在文学上的投缘。据相关资料记载,1934
年,冯雪峰向毛泽东详细介绍鲁迅的情况后说,鲁迅看了毛泽东写的
几首诗词后,认为有一种"山大王"的气概,毛泽东听后,不禁开怀大

笑。1936年,冯雪峰再次跟鲁迅谈起毛泽东时,毛泽东在鲁迅心目中不再是"山大王"了。鲁迅说:干革命,总是人多一点好,我想过了,M(鲁迅对毛泽东的称呼)的政策是对的……他还说:我想,我做一个小兵是还胜任的,用笔!

2020年9月,好友给我寄来《怎样写文章》一书。饶有兴趣的是,书中收录的前8篇文章,正是毛泽东和鲁迅关于"怎样写文章"的"精粹版"。在中国现代文化史上,毛泽东和鲁迅均属于一流的语言大师,都喜欢运用比喻、仿词、词语活用等修辞手法,以达到幽默、讽刺、夸张等效果。

善用并爱用比喻,是毛泽东和鲁迅一个鲜明的共同点。1957年2月,毛泽东在《关于正确处理人民内部矛盾的问题》中指出:我们是反对一切毒草的,但是我们必须谨慎地辨别什么是真的毒草,什么是真的香花。作为文学批评家的鲁迅,则将文艺作品区分为"佳花"和"恶草"两类,并指出批评家的职务不但是剪除"恶草",还得灌溉"佳花"。

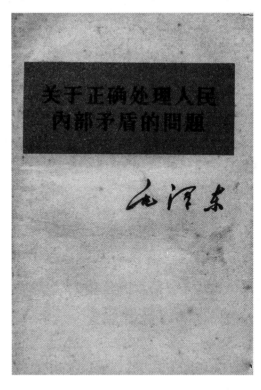

毛泽东是善用仿词的大家。1943年7月,他在《质问国民党》中说,读者定会觉得这是一条"新闻"吧,其实却是一条旧闻。1945年

4月,他在《论联合政府》中指出,国民党军队……站在反人民的立场上,所以一天一天腐败堕落,除了"内战内行"之外,对于"外战",就不能不是一个"外行"。同年8月,他在《抗日战争胜利后的时局和我们的方针》中强调,我们说,我们不是"文化团体",我们有军队,是"武化团体"。所谓"旧闻、外战、武化团体",分别由"新闻、内战、文化团体"仿造而来。

鲁迅是使用仿词的名家。比如,殊不知那一面,何尝不"疾善如仇"呢?又如,一个阔人说要读经,嗡的一阵一群狭人也说要读经;再如,满心"婆理"而满口"公理"的绅士们的名言暂且置之不论不议之列。这些例句中的"疾善如仇、狭人、婆理",分别由"疾恶如仇、阔人、公理"仿造而来。

毛泽东和鲁迅都善于将某些词语加以活用。比如,"他们看见那些受人尊敬的小财东,往往垂着一尺长的涎水";又如,"首先是还有反革命。有人说,已经没有了,天下太平了,可以把枕头塞得高高地睡觉了。"在这里,毛泽东故意避开"垂涎三尺"和"高枕无忧"两个成语,而用口语化的"垂着一尺长的涎水"和"把枕头塞得高高地睡觉",不仅平易幽默,生动形象,而且妙趣横生,耐人寻味。鲁迅对"垂涎三尺"也有过类似活用:"小姐的彩球将要抛下来的时候,——一个个想吃天鹅肉的男子汉仰着头,张着嘴,馋涎拖得几尺长……"

让人难以置信的是,在运用大众语汇上,毛泽东和鲁迅也有着许多相似之处。例如,毛泽东把"秀才不出门,全(而)知天下事"解释为:在技术不发达的古代只是一句空话,在技术发达的现代虽然可以实现这句话,然而真正亲知的是天下实践着的人,那些人在他们的实践中间取得了"知",经过文字和技术的传达而到达于"秀才"之手,秀才乃能间接地"知天下事"。

鲁迅说过：古之秀才，自以为无所不晓，于是有"秀才不出门，而知天下事"这自负的漫天大谎，小百姓信以为真，也就渐渐成了谚语，流行开来。其实是"秀才虽出门，不知天下事"的。秀才只有秀才头脑和秀才眼睛，对于天下事，哪里看得分明，想得清楚。

诚然，不管采取何种修辞手法，思想准确、事实准确、文字准确，才是写文章的第一要求。1946 年 5 月 4 日，中共中央发布的经毛泽东审定的《关于土地问题的指示》（史称《五四指示》），就是在历史转折关头中国共产党发布的重大政策性文件，决定将抗日战争期间的减租减息政策，改为没收地主土地分配给农民的政策。《五四指示》在"三个准确"上都达到了要求，堪称经典之作。

仅从文字准确上来看，《五四指示》的措辞拿捏得十分精当准确。比如，文中没有使用"没收土地"，而是使用"从地主手中获得土地"的表述；又如，该文规定："对于抗日军人及抗日干部的家属之属于豪绅地主成份者，对于在抗日期间，无论在解放区或在国民党区，与我们合作而不反共的开明绅士及其他人等，在运动中应谨慎处理，适当照顾，一般应采取调解仲裁方式。一方面，说服他们不应该拒绝群众的合理要求，自动采取开明态度；另方面，应教育农民念及这些人抗日有功，或是抗属，给他们多留下一些土地，及替他们保留面子。"细细读来，这段行文字斟句酌、入情入理，既有人情味又有说服力，可谓耳提面命，手把手地在指导土地工作。

2018 年，读到《鲁迅还在》一书时，我倏忽想起鲁迅小说《一件小事》里的一句话："须仰视才见"。在反对和批判八股调上，至今人们仍须仰视毛泽东和鲁迅。

1942 年 2 月，毛泽东在《反对党八股》中生动、幽默又讽刺地列出其"八大罪状"：一是空话连篇，言之无物；二是装腔作势，借以吓人;三是无的放矢,不看对象;四是语言无味,像个瘪三;五是甲乙丙丁,开中药铺;六是不负责任,到处害人;七是流毒全党,妨害革命;八是传播开去,祸国殃民。在批判"八大罪状"时,他引证并论述了鲁迅反对、批判新旧八股的有关文章和言论。例如,在批判党八股"装腔作势,借以吓人"时指出:鲁迅曾经批评过这种人,他说:"辱骂和恐吓决不是战斗"。特别是对会场上散发的《宣传指南》中鲁迅的《答北斗杂志社问》一文,更是逐条分析,得出结论。

"党八股也就是一种洋八股。这洋八股,鲁迅早就反对过的",毛泽东指出"党八股是对于五四运动的一个反动",强调"五四运动时期,一班新人物"反对老八股、老教条,但后来却产生了洋八股、洋教条。而在中国共产党内的"一些违反了马克思主义的人则发展这种洋八股、洋教条,成为主观主义、宗派主义和党八股的东西。这些就都是洋八股、洋教条"。鲁迅说过:八股无论新旧,都在扫荡之列……例如只会"辱骂""恐吓"甚至于"判决",而不肯具体地切实地运用科学所求得的公式,去解释每天的新的事实,新的现象,而只抄一通公式,往一切事实上乱凑,这也是一种八股。

毛泽东反对和批判党八股也好,鲁迅反对和批判新旧八股、洋八股也罢,不可能毕其功于一役,必须不时打好"歼灭战",坚持打好"持久战"。

文章好不好最终看实效,这个实效就是群众口碑好、社会共识强。写文章应当敢抓善抓涉及治国理政的战略问题、广大群众关注的现实问题、国内外发生的热点问题来思考,找准思想认识的共同点、情感交流的共鸣点、利益关系的交汇点、化解矛盾的切入点来行文,提倡短实新、力戒长虚空,写言之有物、言之成理、言之精粹的文章,力求观点鲜明、语言精练、重点突出,让文章更好看、受众更爱看。

　　毛泽东和鲁迅一生未曾谋面,历来有人询问两人究竟有缘无缘?若说无缘,在反对新旧八股调、提倡马克思主义文风、倡导实事求是精神上,他们的思想与作风是一贯的,倡导与要求是一贯的。毛泽东曾称赞鲁迅后期的杂文"最深刻有力,并没有片面性",认为是由于鲁迅拥有了马克思主义的世界观,掌握了唯物辩证法这个思想武器。他还说:鲁迅是真正的马克思主义者,是彻底的唯物论者。

　　若说有缘,为何当年毛泽东在北京大学图书馆工作时,与鲁迅相距近在咫尺却不曾结识,而拜访过同住一家的周作人?世间万事万物实则有缘也无缘、无缘亦有缘,就像这首《无题》看似无缘却有缘。

报告有如一面明镜

听汇报与写报告,是总结经验的一种好方法,也是上下级之间沟通思想、了解工作情况的一条重要途径。了解毛泽东怎样听汇报、如何批示报告,不仅对于撰写报告大有裨益,而且从中深感报告有如一面明镜,可以看出一个人的思想、风格和智慧,进而充实和圆满自己的人生。

关于毛泽东听汇报的特点,曾任山西省委第一书记的陶鲁笳深有感悟:"毛主席听汇报,最不喜欢汇报人念稿子。他最喜欢听那种开门见山,反映新情况,提出新问题,发表新见解,有虚有实,以虚带实的汇报。"关于"最不喜欢"和"最喜欢"的感悟,讲的是一种态度和作风,它能够检验出一个人的德行与素养。

"最不喜欢汇报人念稿子",原石油工业部副部长康世恩有过回忆:"我照着提纲念了一段,主席打断说,你不要念了,我这里也有本本,就随便说吧!"毛泽东不喜欢照本宣科式的汇报,甚至明确说"谁要念稿子,我就打瞌睡,以示反对"。1952年10月28日,外出视察途经徐州的他,一下火车就提出听汇报,并风趣地说:我就爱听没有准备的汇报。

这实际上提出一个真问题:口头汇报与书面汇报相比的优势何在? 其一,实话多,套话少。书面汇报常常经过多道修改、加工,容易穿靴戴帽讲套话、空话。其二,杜绝形式主义,防止虚与委蛇。我国北方有句歇后语:是骡子是马拉出来遛遛。口头汇报往往根据平时调查研究掌握的情况和实际工作体会,就能讲得具体、鲜活,讲出自己的见解和思考。

"最喜欢听那种开门见山,反映新情况,提出新问题,发表新见解,有虚有实,以虚带实的汇报",毛泽东20世纪70年代对一位领导讲:有的文件,头几页你就别看,没意思,就看中间是什么内容就行了。可见,中国共产党人历来反对空话连篇、言之无物、毫无新意的报告。2004年,我被调到空军军以上机关工作,起草的首份报告送到一位将军之手的时候,他作出批示:用500字概括此报告的中心思想,放在首页。后来,当了将军的秘书,才知道他每天要看许多报告和材料,一般报告只看主要内容,了解掌握情况。

怎样才能写出"反映新情况,提出新问题,发表新见解,有虚有实,以虚带实"的报告? 答案虽有解,但应属多元。2022年6月10

日,跟中央宣传部的一位同事聊到新闻阅评之事,他说原则上应有30%的"批评稿",彼此深感没有比较之阅,毫无不足之评,长此以往,必然成"王婆卖瓜,自卖自夸",令新闻难见一新:新观点、新话语、新表达。新闻如此,报告亦然。面对新形势新任务,坚持实事求是,深入调查研究,才能反映新情况,提出新问题,发表新见解,努力做到有虚有实,以虚带实。

听汇报既是对下级的一种观察和检验,也是上级思想水平和领导能力的一种具体展现,而更多的是领导帮助下属拓宽境界、化解问题、提高能力。陶鲁笳就有过这样的回忆:"对于新问题、新观点,毛主席总是以高屋建瓴、势如破竹的风格,借题发挥,大发议论,谈笑风生,古今中外,无不涉猎,使人感到自己的思想境界,跟着毛主席的宏论而拓宽了、提高了,使人感到每次汇报的过程,就是一个提出问题、讨论问题、解决问题的生动活泼、高潮迭起的过程;使人感受到毛主席主持汇报会的精湛的领导艺术。"

边听边问,并且问得很细、很专、很深,还常常是宏观、微观兼具,向毛泽东汇报过工作的人,大都有这种感受。毛泽东向汇报人所提之问看似随意,实则事前有所考虑,大都与工作中的需要相关,与他正在思考和研究的问题相连,故而具有很强的现实针对性,其目的是进一步了解问题、寻求破解之策。可以说,毛泽东听汇报的过程,是让个人已有的思考、认识、经验,同他人的汇报进行相互沟通、彼此比较的过程,从而对原有的思考、认识、经验或确认、或修正、或更新、或深化,进而为研究和决策问题提供参考。

毛泽东听取汇报的事例,不胜枚举,现仅谈1957年在武汉召开座谈会总结农业合作化经验一事。1955年至1956年,我国农业合作化取得很大成绩,但也存在不少问题,毛泽东想听听各地意见。9

月5日下午3时开会,毛泽东开场第一句话就说:"同志们接到提纲没有?现在可不按提纲发言,畅所欲言、言无不尽。要讲真话,不要讲假话,否则就会浪费时间。"未曾料到,会议竟然冷场一刻钟。后来,与会者虽然发了言,但"谈"的是同一个调:只讲农业合作化的优越性,对存在的问题不是避而不谈,就是蜻蜓点水、一掠而过。

听着这样的发言,毛泽东有点不耐烦了,并宣布:休会,明天再开。随后,他在纸上写下8个字:真可惜,时间浪费了!还说:"可惜呀,大家说一样的话,千篇一律,这个不是党的传统。开党的一大,会上就有争论。开党的二大、三大、四大、五大都是如此。"讲到这里,他对工作人员李银桥说:"你把我的意思转告王任重同志,明天开会,中心议题是农业合作化的规划问题。要畅所欲言。"

事不过夜,马上就办。时任湖北省委书记王任重连夜召开会议,重新研究、讨论规划问题。9月6日上午继续座谈,王任重和几位地委书记先后发言,详细汇报湖北省农业发展未来几年的规划问题。临近中午,毛泽东宣布休会,并高兴地说:"昨天的会议使我失望,今日的会议使我高兴。你们不能看眼色行事,尤其不能看我的眼色行事。"

"畅所欲言""要讲真话,不要讲假话""不能看眼色行事"等告诫人们,怎样听汇报和听什么样的汇报,不仅是工作方法问题,而且是关系汇报人情感、立场和思想作风的问题,还是关于怎样写好报告的问题。一份好的报告,既要让人看得懂更要让人看了信,既要讲成绩更要查不足,既要总结经验做法更要规划未来几年工作。需要注意的是,有的汇报人喜欢滔滔不绝半小时,洋洋洒洒上万字,这样的汇报和报告效果如何?算不算喧宾夺主?值得扪心自问。

毛泽东说过:"看邓小平的报告好像吃冰糖葫芦。"这不仅生动形象地表达对邓小平所写报告的喜爱,更勾起人们对邓小平报告特点一睹为快的心理。

简明扼要汇报上级需要了解的内容。1944 年 7 月,毛泽东给 7 个地方的中央局或中央分局负责人发电报,列举"请予电复"的 10 个问题,其涉及各抗日根据地工作的各方面内容。邓小平的复电 700 多字,分 10 条列出,恰好对应 10 个问题,真可谓问得具体、明确,答得简洁、清楚。

关于抗日统一战线政策的执行问题,毛泽东询问:对于党外人士的团结、"三三制"的推行是否生长了一种"左"的现象?……同时,右的现象是些什么? 除了答复"减租、减息、简政和反奸以来,对团结党外人士,发生了一些'左'的偏向",邓小平还提出调整的办法:开生产运动、生产劳动等会时,请参议员和一些经营生产好的士绅参加……党内整风,克服宗派主义,讨论统一领导和"三三制"政策的运用。

关于大生产运动后的人民负担和军民生产问题,邓小平寥寥数语、直奔主题:"估计太行只能减轻人民负担百分之十。今年收成不坏,人民负担能力尚无问题。军队生活,现在比大灾荒时期略好。"

撰写报告必须紧扣目的和主题,有想法更有办法,千万不能空发议论、高谈理论,搞故作高深、答非所问那一套。有些论据宜粗不宜细,有时应当粗细搭配。记得我当年在军队写报告,司、政、后、装的基本框架是相对固定的,可后勤、装备部门的领导总爱提一个相似的问题:今年后勤或装备工作任务很重,请多写几笔。刚开始没有找到"北",有时给后勤工作多添几句话,引来装备部门"不满";反之,亦然。久而久之,句子、字数实行"均等化",赢得双方"表扬"。在这里,实质上有一个抓重点、着重写的问题。

语言精练朴实,干净平实。1948年1月,中共中央发出《关于建立报告制度》的指示,规定各中央局和分局由书记负责,自己动手每两个月向中央和中央主席作一次综合报告。从那时起直到1952年调中央工作,除特殊情况向中央申明原因外,邓小平坚持两个月左右向中央写一次书面报告。毛泽东曾表扬说:"书记在前线亦是可以做报告的,邓小平同志在大别山那样紧张的环境亦做了几次很好的报告。"邓小平所写的报告大都一两千字,有话则长,无事则短。1951年,他给中央的5、6月综合报告,谈了土改、镇反、党内思想工作、经济工作、干部培养五个方面的问题,全文共2200字,最少的一个方面仅百余字。

行文合乎实际,切实可行。阅读《邓小平文选》《邓小平年谱》,不仅讲话短而实,让人感到格外亲切,而且行文符合实际,令人十分敬佩。1950年11月7日,在给中共中央的报告中,邓小平具体分析西南各主要少数民族的情况,认为这些地区实行土改必须具备:"第一,认真实行了区域自治或联合政府(在县联合政府下,也有区乡的区域自治);第二,必须是少数民族人民大多数赞成,自己举手通过。"在步骤上,"应坚持先汉后彝,以促进彝族人民的觉悟"。15日,毛泽东阅后复电:"各项意见都是正确的,请即按此施行。"

毛泽东说过:"读历史是大智慧的事。我们看历史,就会看到前途。"细读一些关于毛泽东怎样听取汇报和批示报告的历史,想起一些看过的报告和见过的汇报人,感叹报告有如一面明镜,映出人生百态。其实,每作的一次汇报,每写的一份报告,都是自己走过的一段人生路,都是一次难得的成长成才机会,前途有望,希望可期。

偏于豪放　不废婉约

　　词有婉约、豪放两派,各有兴会,应当兼读。读婉约派久了,厌倦了,要改读豪放派。豪放派读久了,又厌倦了,应当改读婉约派。我的兴趣偏于豪放,不废婉约。婉约派中有许多意境苍凉而又优美的词。范仲淹的上两首,介于婉约与豪放两派之间,可算中间派吧;但基本上仍属婉约,既苍凉又优美,使人不厌读……①

---

　　① 《毛泽东文集》第七卷,人民出版社1999年版,第304页。

终生钟情唐诗宋词元曲的毛泽东,一生写下许多意境高远、振奋人心的诗词。可是,毛泽东专门谈及唐诗宋词元曲欣赏的文字并不多见,这是他于 1957 年 8 月 1 日写给家人的一段话,尤显珍贵。

"词有婉约、豪放两派",可以说本人有所了解。因为 2006 年便买来王国维的《人间词话》,断断续续地看过几遍,认识并认同治学三境界:昨夜西风凋碧树,独上高楼,望尽天涯路;衣带渐宽终不悔,为伊消得人憔悴;众里寻他千百度,蓦然回首,那人却在灯火阑珊处。近两年,又在"学习强国"上收听过康震评说李清照、杨雨评说纳兰性德和《经典宋词》,对"各有兴会,应当兼读"非常认可。

北宋政治家、文学家范仲淹倡导的"先天下之忧而忧,后天下之乐而乐"思想和仁人志士节操,对后世影响深远。毛泽东所说"范仲淹的上两首",第一首为《苏幕遮·怀旧》:

> 碧云天,黄叶地,秋色连波,波上寒烟翠。山映斜阳天接水,芳草无情,更在斜阳外。
>
> 黯乡魂,追旅思,夜夜除非,好梦留人睡。明月楼高休独倚,酒入愁肠,化作相思泪。

这首词以绚丽多彩的笔墨,描绘了碧云、黄叶、寒波、翠烟、芳草、斜阳、水天相接的江野辽阔苍茫的景色,勾勒出一幅清旷辽远的秋景图,抒写了夜不能寐、高楼独倚、借酒浇愁、怀念家园的深情。晚唐、五代和北宋初期的词,大多未脱儿女情长、士大夫情调的花间窠臼,被《唐宋诸贤绝妙词选》题作"别恨"的《苏幕遮·怀旧》,诚然脱不了这份"俗"。显然,毛泽东的点评正确又精准,此词确属"婉约派"。

公元 1040 年,范仲淹任陕西经略副使职,负责沿边军事行政。

面对尖锐的民族矛盾和边塞将士的生活与苦闷,他挥毫落纸一首《渔家傲·秋思》:

> 塞下秋来风景异,衡阳雁去无留意。四面边声连角起。千嶂里,长烟落日孤城闭。
>
> 浊酒一杯家万里,燕然未勒归无计。羌管悠悠霜满地。人不寐,将军白发征夫泪。

这首词既表现将军的英雄气概和征途的艰苦生活,也暗寓对宋王朝重内轻外政策的不满,爱国激情,浓重乡思,兼而有之,抒发出将军与征夫思乡却渴望建功立业的复杂情感。从词史来看,《渔家傲·秋思》是五代以来婉约的柔靡词风转变的开端,是苏东坡、辛弃疾豪放词派的先驱,作为承先启后之作,必然兼有前者和后者的特点。所以,毛泽东说《苏幕遮·怀旧》《渔家傲·秋思》是介于婉约与豪放之间的"中间派"。

婉约派多女儿气,大都写得比较优美缠绵;豪放派则苍凉阔放,气势雄伟。诗词等身的毛泽东认为,一味地读某一种词会使人厌倦,应当兼读。这是从接受客体来讲的。就接受主体而言,他根据自身体验指出,人的心情是复杂的,不是单一的,是对立统一的。也就是说,人的情绪中喜怒哀乐时常变化或交织,读词时会出现喜好的变化,有时喜欢婉约,有时喜欢豪放。

文章与诗词是相通的。这启示写作之人,对于各种风格的作品,不仅都要接触,而且都要能接受,即使有所偏爱,也不能排斥其他。正如毛泽东所说,"我的兴趣偏于豪放,不废婉约"。回望走过的路,本人打小喜欢看小说,曾模仿写小说。25 岁起,读了一些大家名人的散文,受其影响,常与散文为伴,乐在其中。10年后,从事党的理论宣传工作,又爱上通俗理论读物,深感文章或诗词的喜好,与个人的经历、阅历和年龄息息相关,关键是要多关注自己身边的人与事,注重发挥自身优势和特长。

"不废婉约"的毛泽东,用现代网络流行语讲,是辛弃疾和柳永的铁杆"粉丝"。他不仅阅读两人的词作多达130多首,而且不是一般象征意义上的读读而已,有的反复阅读、多次圈画。更难能可贵的是,许多词中佳句常被其化用。例如,柳永《雨霖铃》中的"念去去千里烟波,暮霭沉沉楚天阔",就被毛泽东化用在《水调歌头·游泳》一词中,并成了名句:极目楚天舒。

从毛泽东生前公开发表的近40首词来看,大多数豪迈雄健、气势磅礴,如广为流传的《沁园春·雪》等,都是他的代表作。而与古代豪放派词人相比,虽然大都有作品意境雄阔、气象宏大、感情奔放、一泻千里的特点,但毛泽东站位更高、视野更广,因此能傲视古今、独领风骚。

何为婉约、豪放两派的"分水岭"?跟大多数人一样,我一直在思考和寻找。然而,不时阅读毛泽东诗词,既能感受到一种昂扬向上的奋发精神,又能享受到一种艺术上美感,应该说豪放、婉约兼具。大家可以一起来读读,毛泽东1965年重回井冈山,写下的两首佳作。

念奴娇·井冈山

参天万木,千百里,飞上南天奇岳。故地重来何所见,多了楼台亭阁。五井碑前,黄洋界上,车子飞如跃。江山如画,古代曾云海绿。

弹指三十八年,人间变了,似天渊翻覆。犹记当时烽火里,九死一生如昨。独有豪情,天际悬明月。风雷磅礴。一声鸡唱,万怪烟消云落。①

水调歌头·重上井冈山

久有凌云志,重上井冈山。千里来寻故地,旧貌变新颜。到处莺歌燕舞,更有潺潺流水,高路入云端。过了黄洋界,险处不须看。

风雷动,旌旗奋,是人寰。三十八年过去,弹指一挥间。可上九天揽月,可下五洋捉鳖,谈笑凯歌还。世上无难事,只要肯登攀。②

初读《念奴娇·井冈山》《水调歌头·重上井冈山》,大都会把前者视为毛泽东不满意之作,为此就有了后者的"横空出世"。可细读之就会发现,二者虽在内容上有所联系,都是缘于重上井冈山,但属于两首独立的创作之词。这是因为,《念奴娇·井冈山》是在回顾过去,婉约派的色彩浓些,豪放派色彩淡点;而《水调歌头·重上井冈山》是在瞻望未来,豪放派的色彩浓些,婉约派的色彩淡点。

众所周知,"相约黄昏"是中央广播电视总台的一个名栏目。鲜为人知的是,"相约黄昏"出自北宋政治家、文学家欧阳修《生查子·元夕》中的"人约黄昏后"。更让人欷歔的是,欧阳修曾因写"艳词"——《望江南·江南柳》而背上"莫须有"的罪名,被贬至滁州,并写下名篇《醉翁亭记》。可见,词于欧阳修来说,是"祸兮福所倚,福

---

① 《毛泽东年谱(一九四九——一九七六)》第五卷,中央文献出版社 2013 年版,第 496—497 页。
② 《毛泽东年谱(一九四九——一九七六)》第五卷,中央文献出版社 2013 年版,第 531 页。

兮祸所伏"。所以,对于古典词作历来就有争论,有人说它是上不了台面的,也有人将其跟如今的"荤段子"相提并论。这些论调都是错误的,中华诗词是中华优秀传统文化的重要组成部分,写作之人重在创造性转化和创新性发展。

曲出现于南宋和金代,盛行于元代,是受民间歌曲的影响而形成的,句法较词更为灵活,多用口语。毛泽东不是将一些曲中佳句同马克思主义基本原理相结合,就是恰当地将其用在外交活动中,给人留下深刻印象。这很是值得写作之人学习、借鉴。

《锁南枝》明代时调小曲名,兴于宣德、弘治年间。"傻俊角"是借平常捏泥人游戏而引发的一首情歌,堪称《锁南枝》中的名篇。原文是:

> 傻俊角,我的哥!和块黄泥捏咱两个。捏一个儿你,捏一个儿我,捏得来一似活托;捏得来同床上歇卧。将泥人儿摔碎,着水儿重和过,再捏一个你,再捏一个我;哥哥身上也有妹妹,妹妹身上也有哥哥。

1936年11月至1937年4月,毛泽东阅读《辩证法唯物论教程》时,作了一段批语:"否定是过程更向上的发展。一刀两断,斩尽杀绝,不是辩证的否定。第一个否定造成了第二个否定之可能。哥哥身上有妹妹,妹妹身上有哥哥。辩证法否定是过程发展之动因,这种否定有两方面的表现:一方面表现为扬弃,即克服旧物事(事物)之主要的不适于保存的东西;另一方面表现为肯定,即把旧事物中某些还暂时适于生存的东西给以合法的地位而保存起来。"

马克思主义中国化有内容与形式两种表现方式:就内容而言,就是把马克思主义基本原理同中国具体实际相结合、同中华优秀传统文化相结合而形成的理论成果;从形式来看,就是把马克思主义基本原理用具有中国百姓喜闻乐见的中国作风和中国气派的话语来表达。毛泽东用《锁南枝》中的"哥哥身上有妹妹,妹妹身上有哥哥"来阐释马克思主义否定之否定的辩证法则,彰显其独树一帜的哲学话语风格,使马克思主义基本原理在内容和形式上均具有中国化的特色。

早在元代初期出现过一首后来流传甚广的散曲——《我侬词》,这首曲传为书画家赵孟頫的妻子管道所作。赵孟頫一朝得志,想学名士纳妾。管道于是作《我侬词》,以示婉绝。全词如下:

> 你侬我侬,忒煞多情,情多处热似火。把一块泥,捻一个你,塑一个我。将咱两个,一齐打破,用水调和,再捻一个你,再塑一个我。我泥中有你,你泥中有我。与你生同一个衾,死同一个椁。

1957年9月,毛泽东会见印度副总统拉达克里希南时,便化用《我侬词》中的两个泥菩萨,一起都打碎,用水调和,再做成两个泥菩萨。你身上有我,我身上有你。用这种形象化的表达,阐述了中印两国要和平共处、发展友好外交关系的鲜明观点。

诗乃文学之祖,艺术之根。宋词是我国古代文学皇冠上光辉夺目的明珠,与唐诗争奇,与元曲斗艳。元曲的兴起对于我国民族诗歌的发展、文化的繁荣,有着深远的影响和卓越的贡献。"我的兴趣偏于豪放,不废婉约",既是毛泽东关于诗词赋曲的自我兴趣评价,也是亟须细细品读的写作之道。

言为心声　文如其人

屈子当年赋楚骚,手中握有杀人刀。艾萧太盛椒兰少,一跃冲向万里涛。①

读罢毛泽东吟于 1961 年秋的《七绝·屈原》,让人想起:言为心声,文如其人。汉代思想家扬雄在《发言·问神》中曰:言,心声也;书,心画也。声画形,君子小人见矣。现代文学研究家钱锺书认为,文如其人的文,不是指所言之

---

① 《毛泽东年谱(一九四九——一九七六)》第五卷,中央文献出版社 2013 年版,第 33 页。

物,而是指作品中的格调,格调是作者性格"本相"的自然流露,并非有意为之,人们可以从中领略到其人的创作个性和风度。综上所述,可以理解:言为心声,即言语是人们思想情感的反映;文如其人,即文章的风格同作者的性格特点相似。

中国古人主张"知人论世",如清代学者章学诚有言:"不知古人之世,不可妄论古人之辞也。知其世矣,不知古人之身处,亦不可以遽论其文也。"其大意是说,想理解一个人的思想,就要了解这个人,而想了解这个人,就要了解他所处的社会、时代及其人生阅历。只有以《七绝·屈原》为抓手,弄清楚屈原处在一个什么样的社会、时代及其人生阅历,才能了解他是一个什么样的人,进而理解其思想,从而明白毛泽东写作《七绝·屈原》的目标和意义,揣摩是否做到言为心声,文如其人? 这一看似烦琐的论述,实则是一种常见的学习与写作方法。

"屈子当年赋楚骚",阐述屈原及其《离骚》在中国文学史上的不凡地位。屈原生于公元前 340 年,曾任楚怀王时期左徒、三闾大夫等职,倡议变法图强,后遭谗去职,被流放于沅湘流域。公元前 278 年,秦军攻破楚国郢都后,深感楚国前途无望、个人政治抱负无法实现的他,遂投汨罗江而死。

屈原一生心系国家,在流放的岁月里,写下《离骚》《九歌》《天问》等大量不朽诗篇。这些诗篇融入其人生遭际和政治理想,以忧国忧民为主旨,构思奇特,想象丰富,开创了中国诗歌史上著名的"骚体"流派。500 多年后,西汉刘向辑录屈原等人作品成《楚辞》。这是中国第一部浪漫主义诗歌总集,对当今诗歌发展仍有着一定的影响。

"手中握有杀人刀",巧用"杀人刀"喻指《离骚》强大的战斗力。

《离骚》共 372 句,2400 余字,是一篇近似于自传性质的抒情长诗。从现代意义上讲,"离"为遭受,"骚"为忧愁,谓《离骚》为遭受忧患后所作之辞。全诗以浪漫想象、瑰丽言辞、丰富意象、多彩神话,叙述个人坎坷不平的生活遭际,表达自己对于"美政"理想的热烈追求,抒发出炽热的爱国情感。《离骚》无论从艺术价值来看,还是从其展现的精神力量来说,均予人以强烈震撼,称得上中国诗歌史上一颗璀璨的明珠。

毛泽东对《离骚》情有独钟,一生与其结下不解之缘。翻阅《毛泽东早期文稿》一书,其早年文稿能完整保留下来的并不多,有幸的是 1913 年于湖南省立第四师范学校读书时曾保存下部分课堂笔记,共计 47 页;有缘的是前 11 页都是用小楷抄录的《离骚》《九歌》全诗,尤其是在《离骚》正文的天头部分,他还对各节内容进行概括。更难能可贵的是,毛泽东誊抄的《离骚》《九歌》工整娟秀,雍容平和,颇具晋唐遗风,可视作当今小楷"珍品"。

"年少峥嵘屈贾才,山川奇气曾钟此",出自署名"二十八画生"的《七古·送纵宇一郎东行》,诗中之"屈",是指屈原。1915 年,就读于湖南省立第一师范学校的毛泽东,用"二十八画生"的笔名,在长沙一些学校张贴《征友启事》,而招来的 3 位朋友中就有纵宇一郎——罗章龙。1918 年,毛泽东送别罗章龙东赴日本,写下这首《七古·送纵宇一郎东行》,不仅直接表达对屈原的欣赏,《离骚》更成为诗词中的意象。对此,罗章龙有过回忆:1915 年 5 月,与毛泽东第一次见面,就谈论《离骚》的有关内容,主张对其进行新的评价。后来,他为这次会面写下诗作:"白日东城路,娜嬛丽且清;风尘交北海,空谷见庄生。策喜长沙傅,骚怀楚屈平;风流期共赏,同证此时情。"颈联中的"骚怀楚屈平",说的自然是《离骚》。

　　40 年弹指一挥间，1958 年南宁会议期间，毛泽东批示印发《离骚》给与会者，并在结论报告中引用"昔三后之纯粹兮，固众芳之所在"和"彼尧舜之耿介兮，既遵道而得路。何桀纣之猖披兮，夫唯捷径以窘步"，指出"以上是判断问题"，说明要做到"文件的准确性、鲜明性、生动性"就要解决概念、判断和推理问题。显然，毛泽东是在用《离骚》讲述写作的方法论，要突出文件和文章的"三性"，必须注重逻辑问题和辞章问题。

　　几个月后，毛泽东在 1959 年庐山会议上说，"骚体是有民主色彩的，属于浪漫主义流派，对腐败的统治者投以批判的匕首，屈原高居上游"。正是有了这般深厚的研究和深刻的认识，1961 年写出"手中握有杀人刀"，纯属水到渠成之事。"杀人刀"的比喻，不仅新颖而独特，更是对屈原作品批判性的形象表达。这启示写作之人，贴切、形象、生动的比喻，不是凭空想象而来的，它来自刻苦学习、系统研究和反复琢磨。值得一提的是，有的编辑难得巧遇一个形象比喻，因查无出处，却一删了之。这实则把自己置于"校对人"的角色而不察，长此以往，岂不让作者成了"誊写者"?!

　　"艾萧太盛椒兰少"，隐喻屈原所处的政治环境为奸佞当道，好人遭殃。"艾萧""椒兰"的比喻均出自《离骚》，"艾萧"即艾蒿，臭草，一般喻为小人；"椒兰"即申椒和兰草，皆为芳香植物，一般喻成君子。其实，文如其人之中人格与文格，不完全是一码事，不能一味地以文观人，因为文可以饰伪，生活中既有言行一致、文如其人的现象，也有言不符行、文不合人的情况。所以，必须跳出庐山看庐山，不能只盯住人的真伪，也要注视国内外环境的好坏，这样才能弄懂毛泽东写作《七绝·屈原》的真实意图与真正目的。这也是写作中，隐喻巧用的妙处所在。

20世纪50年代末60年代初的中国,正面对国内外反华势力的攻击,中国共产党所处的环境恰似"艾萧太盛椒兰少"。为此,以毛泽东同志为主要代表的中国共产党人,坚持独立自主,坚定不移走自己正确的道路,正如投向一切敌对势力的一把锋利"杀人刀"。这既是中国共产党人为捍卫真理而不屈不挠的斗争宣言,也是中华民族自立于世界民族之林的豪迈宣誓。

"一跃冲向万里涛",描写屈原终因当时社会政治黑暗一跃投江,以身殉国。常言道:一个动词胜过一打形容词。"跃"和"冲"两个动词连用,不仅一扫前人描写屈原投江的悲戚与凄凉,突出其凛然正气和勇毅果敢,更彰显毛泽东对屈原人格和精神的高度认同与大加赞赏。

不朽的屈原和屈原的不朽,除了源于其文学作品的价值,更源自其拥有的高尚人格与爱国主义精神。打小就喜爱屈原诗歌的毛泽东,1949年12月第一次出国,在火车上与苏联的汉学家费德林谈起屈原时,他认为《诗经》后,中国"首屈一指"的诗人是屈原,称其为"第一位有创作个性的诗人";并分析屈原所处的时代:"历史上任何一个伟大变革都会产生一些悲欢离合的故事。至于屈原,政治变迁是他个人的不幸。屈原艰苦地走过他的时代。他忧国忧民,力求挽救楚国的危亡。"他还用富有诗意的话语表达对屈原人格的赞赏:"是的,这些都发生在我的故乡湖南,发生在屈原殉难的土地——长沙(现为岳阳市)。因为这缘故,屈原的名字对我们更为神圣。他不仅是古代的天才歌手,而且是一名伟大的爱国者:无私无畏,勇敢高尚。他的形象保留在每个中国人的脑海里。无论在国内国外,屈原都是一个不朽的形象。我们就是他生命长存的见证。"

高尚的人格与爱国主义精神,也体现在敢讲真话、追求真理上。1958年成都会议上,毛泽东提倡干部讲真话,并列举我国历史上的一些代表人物。他说,屈原是敢讲真话的人,敢于为原则而斗争,我们应该向他学习。而最能反映对屈原人格和精神赞赏之情的,当属《七绝·屈原》。毛泽东一生仅为三位古人创作过诗词,如《七绝·刘蕡》和《七绝·贾谊》《七律·咏贾谊》姊妹篇。艰难困苦,玉汝于成。在国内外斗争十分困难之时,毛泽东为屈原一生赋诗,可见屈原的人格和精神赋予他的支持与力量。这告诉写作之人,文章乃治国理政之学之作。让人难以理解的是,前几年某著名哲学研究机构的"一把手",竟然把"我的母亲"之类散文,印发全体人员学习。这种个人之作的搞"怪",真让人贻笑大方。

毛泽东说过一句很有意思和意味的话,不如马克思不是马克思主义者,等于马克思也不是马克思主义者,超过马克思才是真正的马克思主义者。在对待屈原和屈原诗歌上,毛泽东同样如此。针对屈原的文学创作,他曾说:"屈原如果继续做官,他的文章就没有了。正是因为开除'官籍'、'下放劳动',才有可能接近社会生活,才有可能产生像《离骚》这样好的文学作品。"[①]正如西汉史学家司马迁所言:屈原放逐,乃赋离骚。在这里,毛泽东道出文学创作的一条真理:好的文学作品离不开丰富的人生阅历和真正的社会现实。

屈原是浪漫主义诗风的代表人物,毛泽东诗词中也充满着浪漫色彩,如《沁园春·雪》里的"山舞银蛇,原驰蜡象,欲与天公试比高",《七律二首·送瘟神》中的"坐地日行八万里,巡天遥看一千河"等,令其作品达到艺术非凡的浪漫主义境界。当然,毛泽东诗词没有一首脱离过中国的现实,都是扎根中华大地的产物,都与其人生经历、与中国社会进程息息相关,真可谓"言为心声,文如其人"。

---

① 《毛泽东年谱(一九四九——一九七六)》第四卷,中央文献出版社 2013 年版,第283 页。

虚怀兼听乃写作之学

近来读史,不经意看到张治中"三谏"毛泽东,不自觉想起毛泽东在《矛盾论》中引用的"兼听则明,偏信则暗",深感虚怀兼听不仅是治国理政之要,也是撰写文章之学。

"兼听则明,偏信则暗",是唐朝思想家魏征的名言。公元 628 年的一天,唐太宗李世民偶然问起丞相魏征:"人主何为明,何而为暗?"魏征曰:"兼听则明,偏信则暗。"他还举例为证:尧帝、舜帝经常向百姓询问下情,听取各种意见,所以耳聪目明;秦二世、梁武帝、隋炀帝,偏听偏信,结果都没有好下场。

　　道理好讲,践行不易。既然是不同意见,难免有刺耳的声音,有难以下咽的内容,即便英明如李世民者,也有受不了之时。一次朝上,魏征又顶撞唐太宗,回到内宫,李世民忍不住发怒:总有一天,我要杀了这个乡巴佬。

　　说到这里,先得谈谈明朝开国皇帝朱元璋"廷杖"茹太素之事。公元1376年的一天,刑部主事茹太素向皇帝奏陈5件事,洋洋洒洒1.7万字。朱元璋叫人念,但听到6300多字时,至于是哪5件事,仍未切入正题。这一下,他生气了,第二天早朝,专门召来茹太素,当众打了一顿板子。当晚,朱元璋耐着性子听完这份"繁文",并感慨地说:文字太多,就会使人迷惑。茹太素所说的,只要500字就可以说完了。

　　有人却说,茹太素之所以挨板子,是因为在奏折中说了些不中听的话。这即便是事实,但让一个国家的最高决策者拿出大量时间,听一件不到3%实际内容的公文,惹朱元璋生气也在情理之中。显然,能否做到虚怀兼听,既取决于决策者,也与写作人有干系,与逆耳利于行的忠言相连,也不完全相干。

　　大凡执政办事,行文言事,常有繁简两面。对基本理论的阐释,对重要文献的阐述,对战略问题的阐发,繁者必繁,其过程与程序不宜省略,也就是说要"多谋"。然而,问题一旦弄清、办法一朝找到,简者宜简。写作之人一定要明白一个理:从繁到简,是人们了解情况、提出问题、提炼办法的思维规律。想问题,做决策,遵循这一规律,就会体现出好的领导方法和工作方法。

　　深谙此"理"的毛泽东,1972年对其他中央领导人说:明朝建国以前,朱元璋召见一位叫朱升的知识分子,问他在当时形势下应当怎么办。朱升说:"高筑墙,广积粮,缓称王。"正因为采纳这一建议,朱元璋取得最终胜利。根据那时的国际环境,毛泽东还把朱升的9个字化为新战略的表述方式——深挖洞,广积粮,不称霸。

"兼听则明,偏信则暗",毛泽东不仅在文章和讲话中反复引用,而且号召党内要重视倾听不同意见,还为全党作出表率,留下许多让人记忆犹新的故事,如李鼎铭的"精兵简政"、黄炎培的"窑洞对"、粟裕提议战淮海等。其中,张治中"三谏"毛泽东,扣人心弦,回味无穷。

第一谏,1949年6月,毛泽东在中南海召开座谈会,提出中央意见:拟用"中华人民民主共和国",作为新中国的名称。对此,与会的张治中表示了不同意见:"共和"这个词的本身就包含"民主"的意思,何必重复?不如干脆叫"中华人民共和国"。毛泽东听后觉得有道理,建议大家采纳。经过讨论,最终采纳这一建议,新中国就有了今天这样的国名。

第二谏,1949年8月,关于国旗的图案,从全国征集2000多幅,经过层层筛选,留下3幅交由中共中央、各民主党派和无党派代表人士最后商定。开会讨论定案前,张治中曾询问毛泽东的意见,毛泽东表示:自己倾向于用一颗星一条黄河的那种。到正式开会时,张治中表示不赞同一颗星一条黄河的那种,理由是:第一,杠子向来不代表河流,中间一横杠容易被认为分裂国家,分裂革命;第二,杠子在中国人的传统观念中是金箍棒,国旗当中摆根金箍棒干吗?因此不如用五星红旗这幅。毛泽东觉得有道理,改变了自己原来的倾向性意见。

第三谏,1954年全国人大一届一次会议期间,张治中提出书面建议,主张每位全国人大常委会委员每年都要外出视察,了解地方情况,听取群众意见。毛泽东看到这个建议,不仅赞成,而且进一步主张把范围扩大到全国人大代表,后来又加上全国政协委员。

毛泽东为什么能谦怀兼听？寻找个中缘由，不妨看看他1959年在庐山同王重任、梅白等人的聊天。一天晚餐桌上聊起古诗，毛泽东随口念了两句："遇事虚怀观一是，与人和气察群言。"并问梅白：你晓得这是哪个的作品？梅白回答：是不是明代杨继盛（字椒山）的诗？毛泽东高兴地说：是的，是椒山先生的名句。我从年轻的时候，就喜欢这两句，并照此去做。这几十年的体会是：头一句"遇事虚怀观一是"，难就难在"遇事"这两个字上，即有时对所遇之事能够虚怀，有时对所遇之事则并不怎么虚怀。

写作之人能不能虚怀兼听？毛泽东用几十年的体会给出答案，这需要具备两个要件：一方面，允许别人发表意见；另一方面，能够听取他人建议。三国时期曹丕的《典论·论文》中有"文人相轻，自古而然"之说，果真如此？个人觉得大多数知识分子都能够虚怀兼听，都懂得一叶之偏见就会挡住一座大山。其实，一些扛鼎之作都是站在文人巨匠肩上之作，又何来相轻一说呢?!

如何做一个虚怀兼听之人？许多写作之人或许在思考、在努力。记得在《纪念孙中山先生》一文中，毛泽东称孙中山"是一个谦虚的人"，理由是他注意研究中国历史的情况、当前的社会情况和外国的情况。以前我总有些不解：注意研究历史，怎么就是"谦虚"和"虚心"的表现？今个有所悟：历史是人类活动的记录和记忆，老老实实地研究和学习它，从中获取经验、智慧、启示和借鉴，也就是尊重它和敬畏它，自然是虚怀兼听的体现。

读历史是智慧的事，只有讲历史才能说服人。毛泽东评点《隆中对》，不仅是尊重历史、敬畏历史的体现，而且把"兼听则明，偏信则暗"应用于治国理政中，彰显虚怀兼听的胸襟与智慧。1941年皖南事变后，针对复杂的形势，毛泽东借用刘备伐吴战败身亡的典故教育全党。他说:三国时期,蜀汉所据荆州失守,蜀军进攻东吴,被东吴将领陆逊火烧连营七百里,打得大败,其原因就在于刘备没有区分和处理好主要矛盾与次要矛盾的关系。诸葛亮在《隆中对》中所确定的战略方针是"东联孙吴,北拒曹操"。曹刘是主要矛盾,孙刘是次要矛盾。孙刘的矛盾是统一战线内部的矛盾。

正是在"东联孙吴,北拒曹操"战略方针的指引下,魏、蜀、吴三足鼎立局面形成。可是,刘备派关羽镇守荆州,因关羽刚愎自用,与东吴交恶而败走麦城;刘备又不听劝谏,感情用事,出兵伐吴,兵败夷陵。记得英国学者迈克尔·爱略特·巴特曼说过,毛泽东"既是最伟大的政治家,又是最伟大的军事家"。毛泽东在评点《隆中对》中,把"兼听则明,偏信则暗"上升到哲学层面,说明刘备违背"联吴抗曹"方针是导致兵败之原因,用以教育全党要分清矛盾主次,不仅呈现他作为伟大政治家的过人气魄,而且体现他作为伟大军事家的独到眼光。

马克思主义者是善于学习历史的。写作之人作为马克思主义继承人和发扬者,以虚怀兼听态度学习历史,有助于更好地理解和运用马克思主义立场、观点、方法写作,写出精品力作。

1964年1月,毛泽东提出:马克思主义者为什么会善于学习历史?因为马克思主义者不仅掌握了辩证唯物主义,同时掌握了历史唯物主义即唯物史观。马克思、恩格斯甚至认为:"我们仅仅知道一门唯一的科学,即历史科学。"两位马克思主义经典作家的许多基本观点,都是通过对自然史和人类史的考察而得出的。他们之所以把历史科学称作"唯一的科学",意在强调历史是人类在认识和改造自然界和人类社会在内的整个世界的过程中,形成和积累的实践经验、理论认识、知识智慧、思想方法等的百科全书。谭震林说过:毛泽东

"读过大量的中国社会历史著作,对中国农民的问题和中国社会的历史有着深切的了解,因而,一旦接受了马克思主义,他对中国革命的基本问题,很快就具有深刻的正确的见解"。而"具有深刻的正确的见解",正是写作的观点所在,毛泽东之所以成为文章大家,也就不足为奇了。

以虚怀兼听态度学习历史,写作之人就会力戒空疏,力戒肤浅,真实地做真学问。1941年8月,毛泽东提出"必须力戒空疏,力戒肤浅,扫除主观主义作风,采取具体办法,加重对于历史,对于环境,对于国内外、省内外、县内外具体情况的调查与研究"。① 这是对全党的要求,而"两个力戒"就写作而言,是一种方法论,也是学术界降噪的一剂良药。

中国共产党的历史就是一部不断推进理论创新、进行理论创造的历史。《中共中央关于党的百年奋斗重大成就和历史经验的决议》提出"坚持把马克思主义基本原理同中国具体实际相结合、同中华优秀传统文化相结合"后,学习、宣传、贯彻"两个结合"的文章不少,有的站位高、阐释全、解读深,这是值得肯定的;但要看到绝大多数论点相同、论据相似,散发着一股与"两个力戒"背道而驰的味道。

原因何在?毛泽东1945年在《关于重庆谈判》中写道:"我们共产党人好比种子,人民好比土地。我们到了一个地方,就要同那里的人民结合起来,在人民中间生根、开花。"② 写作之人只有把自己当作一粒种子,坚守为人民写作的立场、观点、方法,把马克思主义基本原理同当地实际相结合、同当地文化相结合,虚怀兼听人民群众的意见建议,就能力戒空疏,力戒肤浅,就会写出具有各自特色的文章来。

---

① 《毛泽东文集》第二卷,人民出版社1993年版,第361页。
② 《毛泽东选集》第四卷,人民出版社1991年版,第1162页。

撰文须多些问题意识

　　2022 年全国两会期间,中央某党建杂志社负责同志给个人发来微信:请抽空思考目前究竟有哪些理论难点热点必须回答。说实话,白天事多活急,没顾得上;晚上脑袋一靠枕头,想起此事,青年毛泽东的《问题研究会章程》最先浮现眼前,深感撰写文章仍须多些问题意识。

　　五四运动前后,世界是什么样子,中国向何处去,青年人应该做些什么事情、研究些什么问题等,深深困扰着毛泽东那一代知识分子。1919 年 9 月,毛泽东撰写的《问题研究会章程》,提出当时中国需要研究的 71 项大大小小 144 个问题,涵盖政治、经济、文化、社会、国防、外交和科学技术等诸多方面。有的问题比较宏观抽象,如中央地方集权分权、社会主义能否实施、东西方文明会合等;有的问题比较微观具体,如不搞惩罚式教育、私生儿待遇、工人退职年薪等;有的问题比较现实和迫切,如司法独立、劳工娱乐、恋爱自由等;有的问题则不那么现实,个别的甚至与当时中国社会的改造关系不大或不那么迫切,如外债偿还、海洋自由、直布罗陀三个海峡凿隧通车等。北京大学的学生邓中夏,把《问题研究会章程》拿到 10 月 23 日刊印的《北京大学日刊》上公开发表后,"一石激起千层浪",在青年学生中引起强烈反响。显然,坚持问题导向,突出问题意识,不论是期刊还是文章,历来深受广大读者的关注和深得其喜爱。

什么叫问题? 问题就是事物的矛盾。青年毛泽东的问题从何而来? 记得毛泽东曾对陈毅讲,脑子里要经常装几个问题,留心观察,注意研究,不可懈怠。这就不难理解在《问题研究会章程》中,他为何能提出如此多的问题。仅从毛泽东1918 年至 1921 年主持或参加的学会社团来看,就达 10 多个,如湖南新民学会、北京大学新闻研究会、上海工读互助团等,在各个社团中的活动时间虽或长或短,但他一直在努力借助这些平台组织同仁去研究和解决符合学会社团宗旨的实际问题。

问题如硬币之两面,现实问题和理论问题二者并存,互相关联。有人或许会问,那一时期的毛泽东,是不是仅埋头思考和解决具体的实际问题,而不注意探索宏观上的理论问题? 回答这一提问,可以从黎锦熙日记中寻找答案:1915 年 4 月至 8 月,在湖南省立第一师范学校的毛泽东,先后 20 次拜访历史教员黎锦熙。时年 25 岁的黎锦熙,当时常请三位青年帮助抄写报刊稿件,并支付一定报酬。这三位青年有着鲜明的态度:有一位不问文稿内容,什么都抄;另一位觉得文稿中有问题,总是提出来,并代为润色;还有一位看到文稿内容与自己的观点不合,干脆就不代抄。性格迥然不同,使其成就各异。第一位默默无闻;第二位是后来的著名戏剧家田汉;第三位就是毛泽东。

来自黎锦熙日记的轶事,充分表明毛泽东既重实际,讲原则;更是充满问题意识,重视理论信念。正因如此,《问题研究会章程》在列举71项共计144个需要讨论的问题后,毛泽东又专列一条:"问题之研究,须以学理为根据。因此在各种问题研究之先,须为各种主义之研究。"

然而,从起草《问题研究会章程》的时间及其内容看,那时的毛泽东受到了胡适实验主义主张的影响。这是事出有因的。1918年的那个秋冬,在北京大学当图书管理员的毛泽东,不仅认识了胡适,而且听过他关于实验主义的讲演。后来,毛泽东把胡适导师美国哲学家杜威提倡的实验主义,列为近代思想变革的标志之一。从《毛泽东早期文稿》看,在中国传统思想中,他受明清实学"至诚实用""经世致用"观点的影响较深,这也是他与胡适宣传的"多研究些问题"产生共鸣的一个原因。当时,毛泽东领导驱除湘督张敬尧运动,都征求过胡适的意见。湖南自修大学这个校名,还是胡适帮他起的。

难能可贵的是,研究问题和研究主义,在青年毛泽东看来不但不矛盾,他还把研究主义看成研究问题的前提。现在,关于共产主义、社会主义早已不是问题,有人却把其当口号喊、当标签贴,甚者不信马列、信鬼神,这是十分错误和有害的。毛泽东一再强调,"读点哲学"。因为哲学是管总的,哲学通则一通百通。马克思主义哲学是科学的世界观和方法论,念好这一"真经",撰写文章就会自觉坚持马克思主义立场观点方法,就不会被"西经"带偏方向。

时间如白驹过隙,100多年一晃而去。青年毛泽东在《问题研究会章程》提出和关注的问题,绝大多数早已不是问题,但其强烈的问题意识依然启示写作之人:多些问题意识就会多些理性思考和讨论的空间,就会多些了解社会、投身实践去想方设法解决问题的行动自觉,就会多些作出是非判断和理论辨析进而科学把握前进方向的客观依据。

2022年6月7日,参加外交部举办的金砖国家领导人会晤筹备工作秘书处会议时,我提出请参会单位多提供一些宣传素材和报道线索后,主办方列举30多项成就,并一再强调既多又新,希望媒体找出宣介亮点,大力营造良好舆论氛围。各媒体必须坚持正面宣传为主,唱响主旋律,传播正能量,那问题来了:是否可以不要问题意识呢?回答是否定的。因为,坚守内宣外宣有别的原则,把握好时、效、度,讲好中国故事,让宣介既有良好效果又能达到最终结果,本身就是最大的问题。各媒体必须强化问题意识,密切关注国际有关动向,及时加强分析研判,有针对性地做好国际舆论引导和塑造,绝不能简简单单地就成就话成就,既要考虑国内读者的感受,又要顾及国外受众的心理,确保画龙点好睛,绝不能画蛇乱添足。

有人会质疑,倘若按照光谈成就的逻辑推理,"成绩不讲跑不了,问题不说不得了"的观点岂不成了"过去时"?当然不是,撰写文章的一个重要目的,就是用来回答问题、解决问题。况且,邓小平说过,"发展起来以后的问题不比不发展时少"。依此类推,各类文章中的问题意识应当越来越强,而现实差强人意,有的不"增"反"降"。

缘由何在?习近平同志指出:"文风问题上下都有,但文风改不改,领导是关键。"①极少数领导干部对问题或视而不见、熟视无睹,或遇到问题绕着走、生怕惹火烧身,或漠视排斥、采取鸵鸟战术。行为上的逃避、被动,落到纸上难免会顾左右而言他,自觉不自觉地说些空话套话和不痛不痒之言。这些看似小问题的雪球,倘若越滚越大,最终成为顽症、老大难,不仅会败坏党和政府的形象,而且会削弱党的执政能力和执政地位。

根治不良文风,领导干部须带头示范、以上率下。任何时候任何情况下,都要敢于和善于分析回答现实生活中和群众思想上迫切需要解决的问题。在这方面,青年毛泽东就是大家学习的榜样。在《问题研究会章程》中,就有模范村建设、社会教育等问题。1919 年12 月,毛泽东起草了一个新村建设计划,以推行"新家庭、新学校、新社会"连成一体的理想,甚至到岳麓山一带做过选址的准备。

马克思说过:问题就是时代的口号。一个先进的政党,总是善于在众声喧哗中倾听时代的声音,解决时代提出的问题。撰写文章必须具有深厚的问题意识,勇于在实践中发现问题,善于在探索中提出问题,以历史勇气直面问题,以责任担当研究问题,以政治智慧回答问题,以实干精神推动问题的解决。

日前,一位刚参加完中央某研究机构巡视工作的同事跟我聊天,说有的理论专家学者反映,一些报上文章问题意识不强,对一些现实问题和理论问题阐释得不够全面,解读得不够透彻。他认为这是不够客观的评价,原因很是简单,报纸是"新闻纸""宣传纸",跟着走、

---

① 《十七大以来重要文献选编》中,中央文献出版社 2011 年版,第 673—674 页。

跟着说就行了,而恰恰是研究机构需要全面研究、深入解读党的理论和路线方针政策。先不论二者的对与错,就其强烈的问题意识而言,都是值得肯定和学习的。

其实,每种报纸都有自身的职能定位,也可以说都有自己的报性,宣传什么、报道什么,原则上是有所区分的。但每种报纸也有共性的东西,既是"新闻纸",又是"思想纸"。例如,消息类文章,所谓"跟着走""跟着说",应该说是没有问题的;而言论、理论类文章,就应当及时宣传、全面阐释、深入解读的党的创新理论和中央文件精神。尤其是在报网深度融合的大格局下,做有深度的新闻,"新闻纸"更有市场竞争力;用新闻速度解读党的理论和大政方针,"思想纸"更能赢得读者。

同时要警惕,以防报上文章出现同质化现象。一是"大眼无神"。文之题如人之眼,着重"大题宏论",各类题材文章标题就会难以呈现各自特色。二是"大肚难容"。文之干如猪之肚,着力权威出处,论点论据大同小异,讲故事传统媒体摘新型媒体、小报拿大报,久而久之就会成为"旧船票"。三是"大家少新"。视作者为"衣食父母",着眼大家高职,版上多为熟面孔的"跳跳板"就会缺少新面孔的"浓缩体"。果真这样,问及缘由,让人不禁想起魏晋时期的陶渊明在《桃花源记》中说过的话:"不足为外人道也。"也许"自家人",都是明白人?!

阅读《说不尽的红楼梦》,记取一位长者说《红楼梦》中的诗好像水草,取出水就不好看了,只有放在水中才好看。联想人之思想与行为,也如《红楼梦》里的诗,只有放到解决问题的大河中,才能创造出无愧于时代的价值。

毛泽东说过:哪里有没有解决的矛盾,哪里就有问题。想起"目前究竟有哪些理论难点热点必须回答"这道尚未上交的作业,我觉得只要强化问题意识,以问题为中心,抓住时代本质,多为人民群众鼓与呼,就会难点变易,热点变冷。

从老三篇看引号巧用

"国破山河在,城春草木深。感时花溅泪,恨别鸟惊心。烽火连三月,家书抵万金。白头搔更短,浑欲不胜簪。"屡屡读到这首《春望》,除了伤感,就是自问:盛唐怎么会这样? 日前,在"学习强国"上听广播剧《杜甫》,一场"广开进贤之路、广纳天下英才"的科举考试,却成了空前绝后、绝无仅有的历史闹剧,让人久久为青年杜甫愤愤不平的同时,仿佛找到了盛唐衰败的一个重要原因。

公元747年,唐玄宗下诏广求才子,才疏学浅的宰相李林甫生来排斥文化人,制造了不少冤假错案,生怕士子们反映给皇上,于是设置重重障碍,故意刁难,使得一场公开举行的全国性招贤考试,居然选拔不出一个合格的人才。当日,读《毛泽东选集》第二卷中的《斯大林是中国人民的朋友》一文,见到对李林甫的注释:李林甫,公元8世纪人,唐玄宗时的一个宰相。《资治通鉴》说:"李林甫为相,凡才望功业出己右及为上所厚、势位将逼己者,必百计去之;尤忌文学之士,或阳与之善,啖以甘言而阴陷之。世谓李林甫'口有蜜,腹有剑'。"

在这里,抛开李林甫不谈,只论如果对"李林甫的注释"加引号,就会出现三层引号。那又该如何处置?查阅资料,虽得知最里面一层用双引号,却勾起自己对去引号的思考来。编处一些文稿时,总觉得其中引号太多,就像大姑娘脸上长满雀斑,既影响他人近观,又招来她人心烦。

去引号,先得了解引号的大致功用与表现形式。引号大致有表示引用部分、特定称谓、突出强调、否定讽刺、着重论述等功用,表现形式为双引号和单引号,最基本的用法是引用。

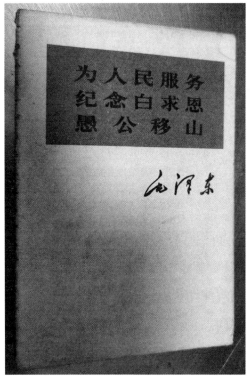

如何引用?不仅有一个引号巧用的话题可谈,更是一个改进文风的问题须解。毛泽东曾对时任《人民日报》总编辑兼新华社社长的吴冷西说:我写文章,不

大引马克思、列宁怎么说;并强调,当然不是说不要引人家的话,而是说不要处处都引。其言外之意,文章能引则引,尽可能做到少引或不引。

20世纪30、40年代,毛泽东发表了三篇短文,后来被简称为"老三篇",即1939年12月21日的《纪念白求恩》,1944年9月8日的《为人民服务》,1945年6月11日的《愚公移山》。在"老三篇"中,毛泽东讲述了古今中外、跨越时空的三个道德榜样:一个外国人、一个战士、一个神话人物。与当时立下赫赫战功的将领、英雄相比,这三个道德榜样的共同特征是"凡人不凡"。细读"老三篇",平凡之人的不凡之处,与引号巧用大有关联。

引文不是越多越好,而是对真理认识的深化与升华。《纪念白求恩》一文,是毛泽东为了纪念加拿大医生诺尔曼·白求恩撰写的悼念文章,文中仅有一处引文。

> 列宁主义认为:资本主义国家的无产阶级要拥护殖民地半殖民地人民的解放斗争,殖民地半殖民地的无产阶级要拥护资本主义国家的无产阶级的解放斗争,世界革命才能胜利。[1]

毛泽东说过,列宁就很少引人家的话,而用自己的话写文章。细细品味上述引文,正是毛泽东学习列宁的《民族和殖民地问题提纲初稿》和《民族和殖民地问题委员会的报告》后,用自己的话写出来的规律性认识。毛泽东还鲜明地指出,这是一条列宁主义路线,白求恩同志是实践了这一条列宁主义路线的,我们中国共产党党员也要

---

[1] 《毛泽东选集》第二卷,人民出版社1991年版,第659页。

实践这一条路线。怎样去实践？文中强调，要和一切资本主义国家的无产阶级联合起来，要和日本的、英国的、美国的、德国的、意大利的，以及一切资本主义国家的无产阶级联合起来，只有这样才能打倒帝国主义，解放我们的民族和人民，解放世界的民族和人民。

采用直接引用还是间接引用，应当根据文章需要而确定。《为人民服务》一文，是毛泽东在中央警备团追悼张思德会上的讲演，文中一处间接引用恰到好处。

中国古时候有个文学家叫做司马迁的说过：人固有一死，或重于泰山，或轻于鸿毛。为人民利益而死，就比泰山还重；替法西斯卖力，替剥削人民和压迫人民的人去死，就比鸿毛还轻。①

《汉书·司马迁传》中的《报任少卿书》载："人固有一死，死有重于泰山，或轻于鸿毛"。这一间接引用，既通畅了话语表达，更突出了"张思德"这个人。张思德同志是为人民利益而死的，他的死是比泰山还要重。

"精兵简政"，在《为人民服务》中属于直接引用。1941 年，民主人士李鼎铭在陕甘宁边区第二届参议会上提出"精兵简政"的提案。"精兵简政"是一个特定称谓，即缩小机构，精简人员。在这里，至少起到两个作用。一方面，突出强调"他提得好，对人民有好处，我们就采用"；另一方面，着重论述"只要我们为人民的利益坚持好的，为人民的利益改正错的，我们这个队伍就一定会兴旺起来"。

去引号，我以为最佳方式是讲故事。《愚公移山》一文，是

① 《毛泽东选集》第三卷，人民出版社 1991 年版，第 1004 页。

毛泽东在党的七大上的闭幕词,文中讲了一个这样的寓言故事。

> 古代有一位老人,住在华北,名叫北山愚公。他的家门南面有两座大山挡住他家的出路,一座叫做太行山,一座叫做王屋山。愚公下决心率领他的儿子们要用锄头挖去这两座大山。有个老头子名叫智叟的看了发笑,说是你们这样干未免太愚蠢了,你们父子数人要挖掉这样两座大山是完全不可能的。愚公回答说:我死了以后有我的儿子,儿子死了,又有孙子,子子孙孙是没有穷尽的。这两座山虽然很高,却是不会再增高了,挖一点就会少一点,为什么挖不平呢?愚公批驳了智叟的错误思想,毫不动摇,每天挖山不止。这件事感动了上帝,他就派了两个神仙下凡,把两座山背走了。①

故事鲜活起来,文章自然生动起来,加上形象的比喻,让文章所要达到的目的一目了然。"现在也有两座压在中国人民头上的大山,一座叫做帝国主义,一座叫做封建主义。中国共产党早就下了决心,要挖掉这两座山。我们一定要坚持下去,一定要不断地工作,我们也会感动上帝的。这个上帝不是别人,就是全中国的人民大众。全国人民大众一齐起来和我们一道挖这两座山,有什么挖不平呢?"

讲故事需要与中国传统结合起来,推动中华优秀传统文化创造性转化、创新性发展。自强不息,出自《周易·乾》,是中国传统,而传统的核心追求是价值与精神。《愚公移山》过去鼓励人民打败日本侵略者,砸碎旧世界;今天寄予人民奋进新征程、建功新时代,实现

---

① 《毛泽东选集》第三卷,人民出版社1991年版,第1102页。

中华民族伟大复兴的中国梦。这种力量来自哪里？就来自于人民心灵的深处，来自于中华民族最深沉的文化基因。因为，《愚公移山》体现的正是坚忍不拔、自强不息的精神。自强不息精神表现的是一种刚健，其内核是绝不屈服与不断抗争。

讲故事还需要提炼一些新概念，但决不能只讲概念，必须讲事实。2021 年，我在《鉴证大党百年风云——100 个"千字文"故事》一书中，讲述了一个"筑牢共产党人精神高地"的故事，就是把毛泽东提出的"五个人"：做一个高尚的人、纯粹的人、有道德的人、脱离了低级趣味的人、有益于人民的人，形象地诠释为共产党人的"精神高地"，并用白求恩"毫不利己，专门利人"的一言一行，论证了这一"精神高地"成立和存在。这为新时代党员干部学有榜样、赶有目标、超有标准，树立起一座丰碑。

"应该学会用自己的话来写文章"，从"老三篇"来看，毛泽东不仅兑现了自己说过的话语，而且回应了引号巧用的话题，较好地解决了改进文风的问题。反观目前一些报上的文章，去掉引号又能留下几句自己的话？

2019 年 3 月，我应邀参加中央党校召开的中央媒体与作者读者见面会，关于如何去引号谈了些"孔见"，后整理成《理论文章重在有"礼"》一文，于同年 4 月 15 日在《北京日报》刊发，其中有个观点：习近平总书记十分重视学经典、用经典，对此有过许多重要论述。在不用引文的情况下，如何把这一观点表达出来？我觉得可以学着讲故事，并大胆探索和尝试。

在纪念马克思诞辰 200 周年大会上的重要讲话中，习近平总书记提到《德意志意识形态》《共产党宣言》等 5 部马克思经典著作。习近平总书记之所以熟稔这些篇目就像熟悉老朋友，是因为他把读马克思主义经典、悟马克思主义原理当作一种生活习惯、当作一种精神追求。2017年夏天,中央党校召开《习近平的七年知青岁月》出版座谈会,作家曹谷溪提到:上大学前,习近平同志就通读三遍《资本论》,写了厚厚的18本读书笔记!

理论学习的目的全在于运用。习近平同志坚持用经典涵养正气、淬炼思想、升华境界、指导实践,1992年7月首次出版《摆脱贫困》一书,就多次引用《资本论》《〈政治经济学批判〉序言》等书籍和文章观点。

如果说报上文章去引号是一种趋势,那么千万别应了北宋文学家晏殊在《浣溪沙》中的名句"无可奈何花落去,似曾相识燕归来",大都长着一副似曾相识的面孔。文章中的一些段落、话语,要么照搬中央领导同志重要讲话、要么照抄党的重要文献、要么照用重要报告原话,同质化现象十分明显。正如当年邓小平所讽刺的:这些年把一些人养成懒汉,写文章是前面摘语录,后边写口号,中间说点事。

理论是思想中的现实,只有同具体实践相结合,才能发生"化学反应"。党报党刊理论文章的思想源于党中央的精神,需要对标对表党的最新理论成果和大政方针,但不是抄经典著作、摘精句妙语,决不能"一抄了之",必须深刻领会,转化为读者易于接受的党言党语,转化为读者乐于接受的新言新语。

伟大实践孕育伟大理论,伟大理论指导伟大实践。针对受众阅读习惯和信息需求的深刻变化,文章应尽量少一些结论和概念、多一些事实和分析,少一些空泛说教、多一些真情实感,少一些抽象道理、多一些鲜活事例,不断增强思想性、针对性、可读性。

坚守创新与追真理念

中国应天、嵩阳、白鹿洞"四大书院"之一的岳麓书院,位于湘江西岸。2020年9月17日,习近平总书记考察湖南大学岳麓书院时,充分肯定湘学实事求是思想传统及其对毛泽东实事求是思想形成的影响。追根溯源,弄清实事求是的前世今生,了解湘学实事求是思想传统对毛泽东的影响,就会发现毛泽东对实事求是的重大贡献:创新与追真。实际上,这也是写文章必须坚守的一个重要理念。

写文章有的时候就是围绕一个重要概

念,讲清楚其起止时间和在不同历史时期的主要变化,讲清楚它对不同群体的主要影响,讲清楚这一概念对推动经济社会发展的重要作用。实事求是,最早出自东汉史学家班固的《汉书·河间献王传》。河间献王刘德搜集"古文先秦旧书",即古文经类的"经传说记"。班固赞其治学态度,所谓"修学好古,实事求是。从民得善书,必为好写与之,留其真。"隋唐时期的经学家颜师古对此作出进一步诠释,所谓"实事"就是"务得实事",即刘德的经学是以先秦古文经记载的历史事实为依据;所谓"求是"就是"每求真是",指刘德能够坚持以上古历史文献的训诂考据为基础,获得对三代历史典章制度的真实而正确的认识。显然,实事求是为汉代古文经学一派的治学方法。这一治学方法,要求书本知识建立在可靠的历史事实基础上,从"实事"中探寻正确道理。毛泽东一向反对"言必称希腊",一再强调"研究历史",与这可谓同出一炉、何其相似。

儒学的哲学化,是宋代理学在学术上的显著特征。理学关注哲学认识论问题,注重从儒家经典中探寻认识论的思想资源。宋儒对实事求是的哲学意义虽然未能作出进一步解释,但对《大学》中格物致知的哲学认识论进行深刻诠释,得到后代许多儒家学者的传承和发展,尤其是湖湘学者的创新与发展。明清之际的湖广衡阳县人王船山,更是将格物致知与质测之学结合起来,把宋儒格物致知偏重人文德性的哲学认识论拓展到自然科学,这对于包括毛泽东在内的湖湘学人产生了深刻影响。

从毛泽东1941年1月31日写给儿子岸英、岸青的信中,就能看出一些端倪。"惟有一事向你们建议,趁着年纪尚轻,多向自然科学学习,少谈些政治。政治是要谈的,但目前以潜心多习自然科学为宜,社会科学辅之。将来可倒置过来,以社会科学为主,自然科学为辅。"[1]

---

[1] 《毛泽东书信选集》,中央文献出版社2003年版,第152页。

这呈现的不仅有实事求是的认识论,而且有毛泽东对学习自然知识与社会知识的辩证看法。这封信中还提及实事求是,"人家恭维你抬举你,这有一样好处,就是鼓励你上进;但有一样坏处,就是易长自满之气,得意忘形,有不知脚踏实地、实事求是的危险"①,彰显唯物辩证法。

屡屡读到这封"家书",总让人想起毛泽东曾提到的明代《永乐大典》总编纂解缙的一副对子:墙上芦苇,头重脚轻根底浅;山间竹笋,嘴尖皮厚腹中空。他不无风趣地说,其是替这种人画像的:对于没有科学态度的人,对于只知背诵马克思、恩格斯、列宁、斯大林著作中的若干词句的人,对于徒有虚名并无实学的人,你们看,像不像?这揭示出一条马克思主义的真理:认真研究情况,从客观的真实的情况出发,而不是从主观的愿望出发。这也启示作者,写文章务必认真研究情况,一分为二地看问题,少一些主观判断、多一些客观分析,绝不能搞"闭塞眼睛捉麻雀"和"瞎子摸鱼"的官僚主义那一套,绝不能搞"粗枝大叶,夸夸其谈,满足于一知半解"的形式主义那一套。

清代乾嘉学派可以说是汉学的复兴,实事求是受到前所未有的重视。尽管近代思想家梁启超视清儒的实事求是为"清学派之精神",仍未提升到哲学认识论的思想自觉,但晚清后的实事求是观念发生了重要变化;尤其是湖湘学人继承王船山将宋儒格物致知哲学认识论拓展到科学技术的思想,并进一步使实事求是蕴含的以"实功"为目标的知识价值论凸显出来,推动了晚清"师夷长技以制夷"的思潮。其中,就包括曾国藩将汉学实事求是的考据学治学方法,与宋儒的格物致知与即物穷理贯通起来,认为"事"指客观之"物",而

---

① 《毛泽东书信选集》,中央文献出版社2003年版,第152页。

"是"指客观之"理",使实事求是超越考据学治学方法的局限,其普遍性哲学认识论意义就凸显了出来。到清末民初之际,湖湘地区的学术界、教育界普遍将源于西方的近代科学技术称之为"实事求是之学"和"格致之学"。

1917年,由岳麓书院改制而成的湖南工业专门学校校长宾步程,确立起实事求是的校训。这一校训体现近代科学技术教育在知识论理念方面的变化,同中国传统即物穷理与深思格物的认识论意义一脉相通;体现近代科学技术"以求实效"的知识价值意义,与中国传统知识价值论经世致用接轨。1917年至1919年,毛泽东寓居岳麓书院半学斋,是与实事求是有缘之人。湘学实事求是思想传统,成为他吸收中国传统实事求是思想、创造中国马克思主义思想路线的直接原因与源泉。

翻阅《毛泽东选集》第三卷就能看到,1941年5月19日,在延安干部会上所作的《改造我们的学习》报告中,毛泽东指出:"实事"就是客观存在着的一切事物,"是"就是客观事物的内部联系,即规律性,"求"就是我们去研究。他把实事求是从传统经学考据学治学方法,提升为一种哲学认识论思想,使其普遍化哲学认识论意义完全呈现出来。应该说,这是湖湘学术传统、岳麓书院教育传统的进一步发展和提升。这也启示我们,写文章不惟书、不惟上、只惟实,惟创新为要、真理是从,不能随波逐流、随风摇摆。而要做到这一点,必须大力营造有利于思想理论繁荣成长的环境或气候,但对我们来说,不管遇到什么环境和气候,都应该提倡这种勇气和品德。

1943 年,毛泽东亲书"实事求是",将其作为延安中央党校的校训。此后,实事求是成为中国共产党的思想路线。新中国成立 70 多年来,实事求是的思想路线之所以能够引领中国共产党人在解放思想中统一思想,不断推进中国式的现代化建设,究其主要原因,是实事求是始终坚持以中国化马克思主义哲学为理论基础。马克思主义哲学是实践唯物主义,而毛泽东对实事求是的重新诠释,既是一种唯物主义认识论,又是一种建立在实践论思想基础上的实践唯物主义,是对实事求是的创新与追真。这也启示作者,写文章应当坚守创新与追真理念。

坚守创新与追真理念,关键是坚持实事求是,而真正做到实事求是并非易事。首先要看作者追求什么样的效应和价值?这一回答本来是简单而明确的,即追求真理,坚持为我国经济社会发展服务。正如毛泽东在《改造我们的学习》中所指出的,我们要从国内外、省内外、县内外、区内外的实际情况出发,从其中引出其固有的而不是臆造的规律性,即找出周围事变的内部联系,作为我们的向导。

当下,大多数报刊文章坚持立足中国、借鉴国外,挖掘历史、把握当代,关怀人类、面向未来,注重阐释重大命题、重要论述、重要概念"三重",注重解读"三重"背后的道理、学理、哲理,注重以发展着的理论指导新的实践。然而,也有人把写文章作为追名逐利的手段,自然就无实事求是之意,倒有哗众取宠之心。其目的显而易见,为取得

"轰动效应",借此求得一时声名鹊起,成为所谓"大家名家",进而取得一定的市场价值。

坚守创新与追真理念,要求爱好写作之人在各方面具有相应的条件和素质。真正做到实事求是,意味着准备深入到所研究的事物中去,详尽占有资料,揭示事物的本质。"不注重研究现状,不注重研究历史,不注重马克思列宁主义的应用",毛泽东在《改造我们的学习》中说这些都是极坏的作风。创新与追真是一个学习、吸收、消化、转化的过程,联想到写文章就是要用脑子、花精力,做到有的放矢、明确解决什么问题,注重逻辑、讲求辞章,循序渐进、庶几可得,投机取巧,只能事与愿违。这正应了初唐"四杰"之一的王勃在《滕王阁序》中的名言:老当益壮,宁移白首之心;穷且益坚,不坠青云之志。只有这样,才能在发现问题、研究问题、解决问题中提升个人的综合素养。

让人匪夷所思的是,互联网上不时曝出某学校的某学者、某单位的某官员的学术论文是"抄"来的。文章为什么要抄袭他人而不是自己动笔呢?固然,原因很多。仅从坚守创新与追真理念看,主要是缺乏马克思主义学风,考研读博只是求得一纸文凭,作为找工作的"敲门砖"。对知识、对学术缺少敬畏之心,自然不愿下真功、做细活,更谈不上"宁移白首之心"和"不坠青云之志"。对于这种所谓"学子",进大学也就是学学词、认认人、养养神,思想惰了、身体懒了、脑子空了,即使临时借来"九齿钉耙",一时也练不成"二师兄"的"降魔捉妖"法,学术论文只能"抄抄"了事。东窗事发之日,就是追悔莫及之时,可惜人间不曾有"后悔药"。

坚守创新与追真理念,还需要一种精神。写文章生产的是精神食粮,究竟需要一种什么样的精神?我国先哲讲得好:板凳要坐十年冷,文章不写半句空。不妨把这种精神,称作"坐冷板凳"精神。冷板凳是清苦的象征,也是静寂的标志。做真实的学问、当真正的学者,非守得住清贫、耐得住寂寞不可。如果一心想着升官发财,以写文章为"终南捷径",恐非良策。因为,见异思迁,其心必躁,而浮躁是真做学问、做真学问之大忌。

弘扬"坐冷板凳"精神,需要有一股韧性、钻劲,孜孜不倦、持之以恒。有人说信息化时代,机器人可以"操刀捉笔"。即便有了机器人,那可是"固化"的思维、"僵化"的思想,既替换不了头脑中的思维创造过程,更代替不了兢兢业业、锲而不舍的敬业精神和深钻细研、精益求精的专业素养。

用文学"翻译"政治

　　2021 年 4、5 月间，因工作需要，我再看西汉著名政论家贾谊的《过秦论》、唐朝"一代名相"魏征的《谏太宗十思疏》、近代思想家梁启超的《少年中国说》，重读党和国家领导人在中国共产党成立逢五逢十大会上的讲话，深感政论文皆为"政治+文学"。近来翻阅《毛泽东选集》，直觉毛泽东写得最多的是政论文，而且大多成了美文，真可谓用文学"翻译"政治。

　　政论就是论政，我国古代散文不仅一直以政论文为王，而且一些优秀篇章恰恰出自政论题材,由政治家亲自"捉笔"。古今中外,从社稷兴亡、朝代更替、家族兴衰为政治美文的圣贤先哲屈指可数。记得第一次读到毛泽东说"在中国历史上,不乏建功立业之人,也不乏以思想品行影响后世的人,前者如诸葛亮、范仲淹,后者如孔、孟等人。但二者兼有,即'办事兼传教'之人,历史上只有两位,既宋代的范仲淹和清代的曾国藩"时,我的心脏怦怦直跳,喜形于色。范仲淹及其《岳阳楼记》,是每个岳阳人的骄傲,一些爱好文学的每年都要背诵和默写,生怕被开除"岳阳籍"。2016 年,为纪念祖父去世十周年,我在《人民日报》刊文写道:一天,祖父听到我背《岳阳楼记》,忙放下手中农活,认真地对我说:"学好《岳阳楼记》,可谓受用一生。"他还告诉我,先前来岳州做官的人,必须会背诵《岳阳楼记》。见到毛泽东对范仲淹这般高的评价,心里自然美滋滋,可见他对我国"政治+文学"古代散文体有过深入研究和论证。

今个谈及古代散文与政论文的关系,我觉得范仲淹是想借《岳阳楼记》说出一个为政的道理:先天下之忧而忧,后天下之乐而乐。至于庆历四年春,滕子京谪守巴陵郡,重修岳阳楼,是在说"事";朝晖夕阴,气象万千,此则岳阳楼之大观也,是在写"形";登斯楼也,把酒临风,其喜洋洋者矣,是在抒"情"。其实,这些都是散文的笔触与写法。然而,不知从何时起,文学因素常被人们所忽视,政论文初步沦为"戴帽穿靴"的文件体,逐渐被移出散文领域。君不见,一些党报党刊的社论刊论,大多是在重要文件的某章节前量头"戴帽",此章节后量脚"穿靴"。当然,悦读的不是没有,只可惜有点黄鼠狼看鸡的味道——越看越稀。

出自何故?互联网上有种比较明确的观点:从 1921 年建党到 1949 年新中国成立,凡中国人民、中华民族历经的大事,作为政治家的毛泽东均已写到，往往直取核心。听锣听声，听话听音。其言外之意，醉翁之意不在酒，在乎政治家言论、论政、书政。显而易见，这一观点对也不对。

之所以说对，翻阅《毛泽东选集》《毛泽东文集》《毛泽东早期文稿》，除1924年之外，毛泽东不仅都有文章，而且大多为政论文。例如，为农民运动而著有《国民革命与农民运动》；为根据地斗争而著有《星星之火，可以燎原》；为对日斗争而著有《反对日本进攻的方针、办法和前途》；为解放全中国著有《将革命进行到底》；等等。除了政论文，毛泽东还熟练地运用其他文体，服从服务于政治任务，如书信体有给宋庆龄、张学良等人的信和《致蒋介石及国民革命军西北各将领书》，通电体有《停战议和一致抗日通电》《关于批评美国对华政策的电报》等，悼亡体有《为人民服务》《纪念白求恩》等，调查报告有《湖南农民运动考察报告》《寻乌调查》等。毛泽东谈古论今，言事抒怀，分不清是挟着政治风雨在文学领域"删繁就简三秋树"，还是趁着文学春意，在政治领域"领异标新二月花"。

之所以说不对，因为政论文既不完全是政治家之事，也不全部出自政治家之手。1937年，毛泽东在《论鲁迅》中说："他用他那一支又泼辣，又幽默，又有力的笔，画出了黑暗势力的鬼脸，画出了丑恶的帝国主义的鬼脸，他简直是一个高等的画家。"①他还说，朱自清的文章也好，但不如鲁迅有战斗性。鲁迅、朱自清原籍都是浙江绍兴人，皆为著名的文学家、散文家和民主战士，可不是政治家，但从中可以看出，毛泽东仔细研究过如何用文学"翻译"政治。1957年至1959年，毛泽东多次提出要"政治家办报"，不是书生办报。可是，此"政治

---

① 《毛泽东文集》第二卷，人民出版社1993年版，第43页。

家"非彼"政治家"。《人民日报》原总编辑兼新华社原社长吴冷西在《忆毛主席》一书中说过,1957 年 6 月 7 日,毛泽东对他和时任中央书记处候补书记胡乔木说:"写文章尤其是社论,一定要从政治上总揽全局,紧密结合政治形势。这就叫政治家办报。"可想而知,政论文并非只有政治家才能为,凡夫俗子皆可为。

怎样写好政论文? 政治是理,即如何表达思想,属于政论文的内容;文学是情,即如何提升美感,属于政论文的形式。有人把写政论文喻为科学家搞研究,靠思想成果说话。这不无道理,我国革命、建设、改革是作者的实验室,而政论文是其实验成果报告。因此,政论文写得优不优,须先看有没有新思想。思想是文章的观点、主题、立意,是政论文的灵魂。观点新颖、主题鲜明、立意深远的政论文,有如初唐诗人虞世南于《蝉》中所言:居高声自远,非是藉秋风。实际上,这是写政论文所遵从的一般规律。

马克思主义哲学深刻揭示了客观世界尤其是人类社会发展一般规律,是指导共产党人前进的强大思想武器。毛泽东把马克思主义基本原理同中国具体实际相结合、同中华优秀传统文化相结合,善讲辩证唯物主义、历史唯物主义的哲学之道,会用战略与战术的辩证之法,说出了许多新鲜的深刻之理。

关于认识论,毛泽东1942 年在《反对党八股》中说:"什么叫问题? 问题就是事物的矛盾。哪里有没有解决的矛盾,哪里就有问题。"[1]1945 年,他在《关于重庆谈判》中说:"什么叫工作,工作就是斗争。那些地方有困难、有问题,需要我们去解决。我们是为着解决困难去工作、去斗争的。"[2] 1959 年在《读苏联〈政治经济学教科书〉

---

[1] 《毛泽东选集》第三卷,人民出版社 1991 年版,第 839 页。
[2] 《毛泽东选集》第四卷,人民出版社 1991 年版,第 1161 页。

的谈话》中,他说:"规律是在事物的运动中反复出现的东西,规律既然反复出现,因此就能够被认识。"①

关于战略战术论,毛泽东1935年在《论反对日本帝国主义的策略》中指出:"马克思主义者看问题,不但要看到部分,而且要看到全体。"1946年,他在杨家岭会见美国记者安娜·路易斯·斯特朗时发表了著名的论断:"一切反动派都是纸老虎"。斯特朗称颂"All the re-actionaries are the Papertiger",是"现时代的伟大真理"。这一论断同列宁把帝国主义看做"泥足巨人"一样,"照亮了世界大事的进程"。1956年在《美帝国主义是纸老虎》中,毛泽东说:"我们说美帝国主义是纸老虎,是从战略上来说的。从整体上来说,要轻视它。从每一局部来说,要重视它。它有爪有牙。要解决它,就要一个一个地来。比如它有十个牙齿,第一次敲掉一个,它还有九个,再敲掉一个,它还有八个。牙齿敲完了,它还有爪子。一步一步地认真做,最后总能成功。"

文以载道,窥认识论和战略战术论之斑,可见毛泽东政论文所载之道:用文学"翻译"政治。细读《美帝国主义是纸老虎》就会发现,政论文虽说是文学,但不是叙事文、抒情文,更不是诗词歌赋,而是政治与真理,其在文章兄弟姊妹篇中属于真实、端庄、严肃、大气的一个,是用来工作或战斗的。这就提出一个基本问题,政论文写作须事出有因、用事说理,从而上升为理论,以指导具体实践。品读毛泽东的政论文之所以总是春风扑面、春意盎然,除了文中总要呈现新观点、新论断、新概念,总能把问题说清楚、说透彻,让人茅塞顿开、豁然开朗,还因为做到文贵有物,呈现依托实践、实事求是、借事说理的鲜明特征。

---

① 《毛泽东文集》第八卷,人民出版社1999年版,第105页。

政论文是枯燥无味还是引人入胜,是空洞无物还是见解独到,这背后既为文之术的差别,更有为文之道的不同。哲学是对物质运动规律、人类社会发展规律等的认识和总结,是关于世界观、人生观、价值观的学问。毛泽东政论文之美是一种思想之美,更是一种哲学之美。什么叫问题、什么叫工作、什么叫规律,真可谓言简意赅、力透纸背、洞穿世事、直指人心,彰显毛泽东的思想张力和理性魅力。

虽说文无定法,但文须有序。文字是思维的载体,逻辑是思维的内核,其就像一支开弓没有回头的箭,须一路向前。品尝《读苏联〈政治经济学教科书〉的谈话》,不仅逻辑清晰、论证严密,而且揭示了事物发展的内在逻辑,通过由表及里的分析、由此及彼的推演,深刻探究存在于事物当中的规律、存在于人心之中的共识,达到一语中的、一鸣惊人的效果,透射出逻辑之美。

政论文之所以给人耳目一新、酣畅淋漓的享受,与善于运用修辞手法和文字技巧、营造美的意象和境界密不可分。精读毛泽东《反对党八股》,不仅恰当运用排比、对仗、比喻等修辞手法,让文字灵动起来、富于变化;而且注意开头、中间、结尾各部分的搭配呼应,让文章结构完整、比例协调;还注重改进表达方式,借鉴美的意象,融入自然之美、人文之美。

古人论文:气贯长虹、力透纸背。据说唐宋八大家之一的韩愈每为文前先读司马迁的文章,为的就是借一口气。苏东坡说:吾文如万斛泉涌,不择地皆可出。毛泽东不以泉比,而以黄河比:"文章须蓄势。河出龙门,一泻至潼关。东屈,又一泻到铜瓦。再东北屈,一泻斯入海。行文亦然。"朗读毛泽东政论文,总有一股气、让人提气,那正是正气、豪气、民族之气和英雄之气。势为形、气为魂,深感用文学"翻译"政治不是为势而势,而是以气聚势、以势扬气。

从中国字自信说开来

　　前些日子,个人同一位好友联系,方知他正在撰写文化自信的论文。《"都是外文,很不好"——从毛泽东的一次嘱托说开去》倏忽映入眼帘,感叹写文章须体现历史自信、文化自信,顺便从中国字自信说开来。

　　2021 年 10 月,无意间在中央文献出版社 2007 年出版的《史林智慧琐谈》中读到《"都是外文,很不好"——从毛泽东的一次嘱托说开去》一文,记得文章开头说,1954 年 11 月,时任中国人民解放军财务部部长的杨立三,就制造高级香烟问题给华东财经委员会主任曾山等人写了一封信："毛主席告我说，现在做的纸烟质量总比外国人制造的要差，要拿点好烟招待外宾，纸烟二面没有中国字，都是外文，很不好。要搞一种较好的烟出来，不用一个外国字。"

"纸烟二面没有中国字，都是外文，很不好"，似乎只关涉香烟质量及其商标文字。细思量，毛泽东是在倡导自力更生，建立起自己的品牌，堂堂正正地写上中文标识。因为招待外宾的香烟，居然两面都没有中国字，多少让人感到与新中国的形象和地位很不相符。

不知曾几何时，由于对中国字的轻视让汉语逐步边缘化。越来越多的楼盘、商场、酒店热衷起洋名，"曼哈顿""威尼斯"到处都是，"瑞士小镇""加州广场"让人傻傻分不清是干啥的。其中，一些媒体有没有充当"好事者"，有的"笔杆子"是否起了推波助澜的作用，值得深思和反思。

考量对外国名牌的"情有独钟"，掩盖不住的是一种弱势心理：在强国面前、底气不足、矮人一头，看本国产品怎么都不顺眼、不如人。这种不自信、不自爱，不自觉成为我国打造自主品牌的一堵"无形墙"。事实上，"Made in China"早已成为"国际流行色"，诸多中国制造得到全球公认，受到许多外国消费者的青睐。作为一个中国人，如果一切以外来的为所谓"时尚""品位"，以英文为"潮流"，那就不只是语言问题，长此以往，在文化自信心、民族自豪感上，都会大打折扣。

外来的"洋和尚"为何会念"中国经"？有人认为用英语代替汉语是同国际"接轨"的需要。其实，同国际"接轨"并不是什么东西都需要去"接轨"和能够"接轨"的，即使有些东西需要又能够"接轨"，但也不能成为将外语"凌驾"于母语之上的理由。谁人不知，面对英语的"语言霸权",德国、意大利等国家,都以立法形式保护本国官方语言文字在大众传媒和公共领域的使用和主权地位。比如,法国规定公共服务部门使用法语,以限制外来词的使用,所有产品必须用法语商标,任何违反规定的个人或集体都将被处以罚款。又如,俄罗斯总统普京签署法令,禁止在俄语中滥用英语单词。毋庸置疑,语言不只是一种交际工具,也是民族认同感的重要标志。

语言文字是文化的基础要素和鲜明标志,是文化传承、发展、繁荣的重要载体。"要搞一种较好的烟出来,不用一个外国字",真可谓掷地有声。细琢磨,为中华民族的独立与尊严奋斗了一生的毛泽东,在这里实际上提出了一个鲜明的问题:如何实现中国字自信、文化自信?

在中华文明的进程中,语言文字更是中华民族独特的精神标识和文化印记。中国字难道真的不值得自信吗?不妨看看汉字在当今世界的表现力。世界著名的教育家钱伟长说过:天下没有别的国家的文字3000年以后还能看得懂,只有汉字可以。汉字的超时空性为中华文明的延续做出了卓越的贡献。400年前的英文,今人已很难读懂;500年前的拉丁文,只剩下字母和药名;而汉字几千年都延续下来了,今天具有中等文化程度的人,仍可以基本读懂古代文章。《世界文明史》一书的作者——美国学者威廉·麦克高希认为,几乎欧亚大陆上所有的文字都起源于古埃及的一种庶民体文字,基督教文明、阿拉伯文明和印度文明的文字都包括在内。只有中国文明的文字是独立起源的。光从这一点看,汉字就值得中华民族为之自豪和骄傲,身为一个中国人岂能不自信?!

汉字的书法美,他国文字更不能相媲美。舒同是新中国首任书协主席,毛泽东曾对他讲:"有人说舒体字是'七分半书',即楷、行、草、隶、篆各取一分,颜、柳各取一分,何绍基取半分。也有的书法家评价你的字体风韵是'沉雄峭拔,恣肆中见逸气,忽似壮士如牛,筋骨涌现。'这些我都同意。"1993 年 8 月出版的《毛泽东书法大字典》,从毛泽东大量手稿中精选出 3094 个单字,而每个单字又都选出不同文稿中的多种写法,累计达到 13739 种。书法先与古人合,后与古人离,取诸家之长,创自己风格。毛泽东的书法大气磅礴、形神兼备、豪放酣畅,注重兼学并蓄、广采博取,从而形成独具特色的"毛体"书法,在中国书法史上树立起一座丰碑。

民族文化是一个民族区别于其他民族的独特标识。"如果不发展文化,我们的经济、政治、军事都要受到阻碍",毛泽东在抗日战争胜利前夕的论述穿越时空,至今振聋发聩。细究中国字不自信背后的原因,实质是缺乏文化自信。文化自信是一个国家、一个民族发展中更基本、更深沉、更持久的力量。近几年来,通过《中国汉字听写大会》《中国成语大会》和《中国诗词大会》等电视节目,通过在春节、清明、端午、中秋等传统节日举办"中华经典诵读"节日晚会等活动,让全社会更加重视语言文字的魅力。同时,通过开展"中华经典资源库"项目建设,分批遴选体现中华民族优秀文化传统和革命传统、体现社会主义核心价值观的典籍佳作,彰显历史自信和文化自信。而今,运动员姚明的名字从"Ming Yao"变成"Yao Ming";"Kongfu(功夫)""Pinyin(拼音)"等已被收录于英语词典;产品、药品说明书上须配备中文说明;APEC(亚太经合组织)、PM2.5(细颗粒物)等字母词有了经审定的规范中文译名;等等。这绝不是"小题大做",事关中国人以什么样的精神状态,对待自己民族和国家的历史与未来,以什么样的精神影响下一代。正因如此,写文章前一定要把这些问题弄清楚、想透彻,这样下笔才会有言有声、有形有神！

今日之中国，不仅要具备雄厚的经济实力，更要拥有不可战胜的精神伟力。2017年，我同刚从美国特洛伊大学孔子学院回来的朋友聊天，她说汉语教学在大洋彼岸飞入"寻常百姓家"，激起了更多人学习汉语、了解中华文明的热情。这不仅让中国人更加充满文化自信，而且提出一个新的话题：如何实现文化自信与文化他信？

文化自信与文化他信辩证统一，文化自信是文化他信的前提和基础，只有坚定文化自信，文化他信才有明确的方向，才有坚定正确的立场；文化他信是文化自信的追求和目标，只有努力赢得文化他信，文化自信才会不断增强，才会更加坚定。从坚定文化自信到赢得文化他信，应当大致遵循文化呈现、文化认知、文化认同、文化自觉、文化自信、文化自强、文化他信的发展脉络。

众所周知，文化自信一经提出便广受关注，如何理解和落实成为热点话题。然而，有的单位在增强文化自信上不会或不愿遵循其发展脉络，仍存在"后知后觉"，甚至"不知不觉"的问题。2016年，听孩子回家跟我讲，一些教室的墙上竟然挂着"二十四孝"的图画。这是比较典型的没有分清传统文化中精华与糟粕的现象，如卧冰求鲤、埋儿奉母，或脱离常识，或不近人情，或与现代文明脱节。诸如此类的文化呈现，让人如何认知认同，文化自觉、自信、自强从何而来。在传承发展中华优秀传统文化中增强文化自信，必须坚定扬弃的立场，坚持创造性转化、创新性发展，仅凭一时热情甚至"跟风"，无法真正建立起文化自信。

增强文化自信不能"过热"，更不能"过冷"，犯"时热时冷、时冷时热"病也不行。2018年，我去北京某高校召开新书《走近·卡尔马克思》现场发布会，只见其管理学院主墙上挂满了西方所谓"名家"

的大小照片和英文简介,但跟几位学者谈到中国"枫桥经验"的现实启示,大都支支吾吾、一笑了之。"取其精华,去其糟粕,古为今用,洋为中用",是毛泽东倡导的,是被历史验证过的,也是非常必要和有效的。文化自信突出的是中国特色,彰显的是社会主义本质。如果连具有浓厚的中国特色、中国风格、中国气派的中华优秀传统文化、革命文化和社会主义先进文化都不愿呈现、难以认知认同,文化自觉、自信、自强只能是"水中月""镜中花",又岂敢奢求在文化上赢得"他信"。

马克思说:"问题就是时代的口号。"只要在增强问题意识中坚定文化自信,就会找准引领时代进步的精神坐标,增强前行的决心和信心。广大作者不仅要着眼如何着力推进文化事业和文化产业高质量发展,激发文化创新创造活力,增强人民文化获得感幸福感等问题,更要为破解这些难题而鼓与呼,从而增强人民的文化自信、赢得世人的文化他信。

英国著名历史学家汤因比说过:避免人类自杀之路,在这点上现在各民族中具有最充分准备的,是两千年来培育了独特思维方法的中华民族。而这种独特思维方法,就是天人合一,允执厥中,仁者爱人,以和为贵,和而不同,众缘和合。如此推陈出新的文化、如此促进人类命运共同体建设的文化,正是当今中华文化走出去的新招牌和精气神,正是讲好中国故事的题中之义,传播好中国声音的最美之音。

"纸上得来终觉浅,绝知此事要躬行。"毛泽东在《实践论》中指出,你要知道梨子的滋味,你就得变革梨子,亲口尝一尝。近些年来,中华文化海外传播成效显著,赢得了国际友好人士的广泛"他信",增强了中国人民的文化自信。但广大作者仍需深刻认识到中华文化既属于中华民族也属于全人类,更好推动中华文化的海外传播,必将更好实现文化自信与文化"他信"。

看社论修改说公文起草

　　党的机关报社论属于公文,传达的是党和政府的精神与声音,其中对政治、经济、社会形势所作判断,会对广大干部群众产生巨大影响。毛泽东重视党的机关报社论的作用,或亲自动手撰写社论,或亲自拟定社论题目,或亲自审阅修改社论稿,如20世纪50年代就对《人民日报》多篇社论进行了修改。学习和领悟其中奥妙,对于当下提高起草、审阅、修改和运用公文的能力与水平仍有许多可取之处。

　　1951年1月1日,《人民日报》发表元旦社论《在伟大爱国主义旗帜下巩固我们的伟大祖国》。这篇社论发表前，毛泽东将"中国劳动人民的生活得到了显著的改善"，改为"中国劳动人民的生活有些得到了显著的改善，有些得到了初步的改善，有些正在完成着改善生活的条件"。

公文主要用来传达要求、指导工作，须明确具体，不能过于简单、模糊不清。在《在伟大爱国主义旗帜下巩固我们的伟大祖国》中，毛泽东之所以将当时"中国劳动人民的生活"发生的变化概括为"3个有些"：有些得到了显著的改善，有些得到了初步的改善，有些正在完成着改善生活的条件，正因为这比社论稿中"中国劳动人民的生活得到了显著的改善"的单一说法更准确、更具体、更符合实际。

无独有偶。同年1月4日，毛泽东审阅修改《人民日报》社论稿《在反贪污、反浪费、反官僚主义的伟大斗争中，发动群众的关键何在?》，在"必须立即在全国范围内，毫无例外地充分发动群众，把反贪污、反浪费、反官僚主义的斗争，形成一贯广泛的群众运动"中的"必须立即在全国范围内"之后，写下近90字："在一切党组织，一切政府部门和军事部门，一切国营和公营的工业、交通、银行、贸易的机关和事业，一切合作社组织，青年团组织和人民团体的各级领导机关，以及一切和上述各方发生关系的私人工商事业，都应。"[1]这就让开展"三反"斗争的范围，更加明确、更显具体。

让公文明确具体不仅需谨慎细致的作风，还要注意规范党内称呼。要"校对清楚，勿使有错"，毛泽东不仅经常告诫身边工作人员，如果发现差错，更是亲自改正。1953年4月7日，他发现自己的一个批示印错了，便写信给中共中央办公厅主任：第一页上"讨论施

① 《毛泽东年谱(一九四九——一九七六)》第一卷，中央文献出版社2013年版，第461页。

行"是"付诸施行"之误,印错了,请发一更正通知。1958 年 12 月 5 日,他审阅修改中共中央关于 1959 年国民经济计划的决议草稿,当看到有"毛泽东同志很久以来就教导我们"和"毛泽东同志又指示我们"的提法,便将"教导"和"指示"均改为"告诉"。他还批示,注意:"教导""指示"这类字面,用于个人,很不好,缺乏民主气氛,使人看了不顺眼,以后不可再用。毛泽东之所以这般认真与较真,只因为"小"公文关乎党和国家的大事业。

翻阅《毛泽东年谱》,他在审阅公文时曾多次批示强调,使其具体化,让人看得清清楚楚,明明白白,以利于把握中心,推进工作。我们从中可领略到,毛泽东高度重视中央拟发的每个文件,认真审阅报送的每份文件稿,对于涉及方针、政策的提法,慎之又慎,再三斟酌,亲自修改,确保政策和策略成为党的生命。例如,1958 年 11 月 19 日,毛泽东肯定化工部党组关于坚决扭转化学工业发展被动局面的报告:"此件写得很好";并指出:在第九页上有一处不明,有一处需改变重点并举些例子。"一处不明",是指报告中希望 1959 年各省、直辖市、自治区的化工设备制造能力达到 1—2 万吨。他对"1—2 万吨"批注:是总共这样多,还是每个省要这样多? 另一处,该报告提出"希望其他工业部门和交通运输部门,也办一点化学工业"。他批注:可以举几个例子,重点是于他本身有益,并且必不可少。若为了支持化工部门,他们那样忙,谁肯支持呢?

1952 年 7 月 14 日,毛泽东审阅修改《人民日报》社论稿,将《日本人民争取独立的道路》的标题改为《庆祝日本共产党的三十年》。为什么要修改标题? 在给刘少奇的批示中,毛泽东做了专门说明:此件应以庆祝为主题,故改换一个题目,并于最后加了一段鼓励和庆祝的话。1922 年 7 月 15 日,日本共产党成立。毛泽东改题后的《人民日报》社论,不仅很好地突出了主题,还是送给日本共产党 30 周岁生日最好的祝词。显然,公文写作不仅内容要准确、明确,而且要突出主题。因为,公文是党政机关实施领导、部署工作、推进工作的重要工具。工作有中心,所发公文必须围绕中心、突出主题,题目要让人一目了然。

延安整风运动期间,毛泽东亲自主持编辑三部文献集:《六大以来——党内秘密文件》《六大以前——党的历史材料》《两条路线》。他对每篇文献均进行精心审核,对某些文献的题目做出修改或加上题注。例如,将《请看!!! 反日战争如何能够取得胜利?》,改为《中央关于"一·二八"事变的决议》;在《中央关于反对敌人五次"围剿"的总结决议》后,用括号加上"遵义会议决议"6 个字。这两份文献都十分重要,原题在当时也较好地概括了中心主题。尽管如此,后来者如果只看这两份文献的原题,未必立刻知道一个是"中央关于'一·二八'事变的决议",另一个是"遵义会议决议"。经过修改和加注后,两份文献主题突出,阅读效果明显提升,给人一种议题鲜明、一叶知秋的感觉。

毛泽东说,写文章要选好题目,吸引人看你的文章。公文作为文章的一种重要题材,其主题鲜明、突出的题目从何而来? 他在审阅公文的时候,常常紧扣实际拟题——根据内容修改题目,准确概括出公文的实质内容;突出重点,让人一看便记住关键词。

时下,有一种说法,能用一句话说清楚的尽量不用两句话,题目上最好不见标点符号;也有一种说法,题目尽可能是动宾结构,彰显精神与力量。这些都不无道理,是长期实践经验的结晶,可以作为拟定或修改公文题目的有益借鉴。然而,任何事物绝非千篇一律。给公文起一个准确、响亮、鲜活的"名字",仍须紧扣公文内容实质,该短则短,宜长则长。

每天读新华社编印的《内部参考》,是毛泽东了解各地情况的一个重要渠道,解决各种问题的一个有效载体。1958 年 11 月 14 日,他阅《内部参考》刊载的《邯郸专区伤寒疫病普遍流行》电讯稿,将标题改为《邯郸专区伤寒疫病普遍流行,原因是抓了工作,忘了生活》;并批示,这是一个带全国性的问题,"必须立即引起全党各级负责同志,首先是省、地、县三级的负责同志的注意"。原题只侧重于反映情况,经毛泽东之手修改后,虽然多了 12 个字,但一针见血地指明了问题的症结所在,目的是为了更好地引起各级领导同志的注意,及时解决出现的问题。

1955 年 6 月 8 日,毛泽东审阅修改《人民日报》社论稿,并致信负责宣传的有关领导同志,其中有一句话很是关键:废话应当尽量除去。公文主要用来部署工作、指导工作,重在管用实用。这就要求它必须准确、简练,开门见山,直指核心,不能含糊不清或穿靴戴帽。

反对讲空话、套话,厌恶官腔官调的八股文,凡是谈到写文章、写公文的时候,毛泽东总是强调文字简练,努力做到言简意赅。1956 年 8 月 22 日,他在党的七届七中一次会议上说,现在的报告稿(指八大政治报告)9 万字,能缩减三分之一就好。对于大会发言,他说:原则是不要太长,内容要精彩一点,可以组织一些短稿子,比较生动。24 日,他审阅修改八大政治报告稿后批示,觉得文中还有一些重复拖累的地方,还可以删节一些。27 日,他审阅修改《关于修改党的章程的报告(修改稿)》,并批示:许多句子太长,不好读。我在第 32 页的一段中试增了一些标点,考虑全文都增加一些标点。在审阅修改八大政治报告稿"关于民族问题"部分的修改稿的时候,毛泽东则批示:这一部分改得很好,字数不多,清爽好看。

公文如何做到文字简练、清爽好看？毛泽东开出的"方子"是通俗易懂，能够"使人读得下去，读过后很舒服"。1954年3月23日，毛泽东主持召开中华人民共和国宪法起草委员会第一次会议，当讲到对宪法草案文字修改的时候，他举例说：把什么什么"时"都改为"的时候"，讲话一般不说"我们在讨论宪法时"，而说"我们在讨论宪法的时候"。他又说，"为"字老百姓不懂，都改成了"是"字。他还说，什么什么"规定之"，"之"字在一句话的末尾，只是重复了上面的，毫无用处，也都去掉了。人民领袖为人民，在制定和修改宪法上，也得以充分体现。

大力倡导好文风，毛泽东看到鲜明生动的公文不仅会给予赞扬，有时会作出让各级领导干部学习的批示。1959年3月26日，阅安徽省委报送的简报，内容是该省六级干部会议对公社体制及有关问题的一些规定，毛泽东觉得"这个文件，较之他省有许多新鲜东西，又是切实可行的"，更让他高兴的是，这份简报很通俗易懂。于是，他写下批语：写法也是一项改革，用口语，使人一看明白，较之现在相当流行的半古半今、半文半白、使人硬是看不懂或者勉强懂了但是过眼即忘记得干干净净的那种文体，要好得多。毛泽东的喜悦之情，溢于笔端。

对于让人"看不懂的文件"，毛泽东则会毫不客气，开诚布公地予以批评。1959年4月5日，他说，现在有相当多看不懂的文件，而主要出于我们工业界，"我希望以后不要拿出这样的文件来，要用口语写出来，每一个问题都要交代清楚，要想到对方的心理状态"。[①]是年5月30日，毛泽东在阅一份工业生产建设的报告时，写下内容

① 《毛泽东年谱（一九四九——一九七六）》第四卷，中央文献出版社2013年版，第10页。

相近的批语：凡是使人看不懂，看了之后觉得头痛，没有逻辑（内部联系），没有论证，因而没有说服力的文件，以后千万不要拿出来。反复提醒与告诫，真可谓苦口婆心。可见，通俗易懂的好文风，什么时候都是起草公文的重中之重。

石头情结催生石头理论

别梦依稀咒逝川,故园三十二年前。

红旗卷起农奴戟,黑手高悬霸主鞭。

为有牺牲多壮志,敢教日月换新天。

喜看稻菽千重浪,遍地英雄下夕烟。①

1959 年 6 月 25 日傍晚,毛泽东回到阔别 32 年的韶山冲。直至 26 日凌晨 4 时,才吟成这首脍炙人口的《七律·到韶山》。为众人所不知的是,这次"少小离家老大回,乡

---

① 《毛泽东年谱(一九四九——一九七六)》第四卷,中央文献出版社 2013 年版,第 81 页。

音无改鬓毛衰"的"回乡偶书",还有一个"石头情结"的故事。

6月26日晚上,毛泽东设便宴招待乡亲们。宾主就位后,他站起来微笑道:今天各位父老乡亲都到齐了,就只差"干娘",没有来呢! 顿了顿,又用商量的口气说,是不是还要等呢? 乡亲们都感到奇怪,他的干娘七舅妈死了30多年,怎么又冒出个"干娘"来? 毛泽东也不解释,只说:大家喝吧,我们不等啦! 有个小孩很好奇就跑去问:您的干娘是谁呀? 毛泽东说,我是那个山坨里石头的孩子,你又是谁的孩子? 那个孩子天真地说:我是我爹的孩子。

毛泽东嘴中的"干娘",是母亲文素勤给他认的一个"石观音"。在毛泽东的前边,文素勤生过两个男孩,不知何故,均已夭折。为保全毛泽东的生命,就做了让其认"干娘"的事儿,给他起名为"石三伢子"。

"石头情结"是一份难舍亲情,是毛泽东对母亲的怀念与爱戴,从他的《祭母文》和给邹蕴真的信中均可看出。据《毛泽东故土家庭——探秘》一书记载,毛泽东曾致书好友邹蕴真,赞其母亲的美德,称世上共有三种人:损人利己的人,利己而不损人的人,可以损己而又利人的人。我的母亲该属最后一种人。

"石头情结"是毛泽东打小就有的,伴其一生,催生出"石头理论"。其中,"一个小石头与一堆小石头"理念,就是他在安源煤矿与工人们交谈时的一个形象比喻。

1921年10月下旬,毛泽东以走亲访友的名义来到江西安源,住在八方井的同乡、在矿上当段长的毛紫云家里。毛紫云找来在井下挖煤的工人张竹林,嘱咐他陪同毛泽东下矿井看一看。据张竹林20世纪60年代回忆:第二天上午,毛泽东来到井下,同工人们交谈时,顺手拣起一个小石头打着比方说:一个小石头,一脚就踢开了;要是把小石头堆在一起就不容易搬动了。我们工人只要团结得很紧,就是有座山压在我们头上也能推倒。

一个深入浅出、团结鼓劲的理念,指明了人们在日常生活中常见的一个基本事实:一个小石头一脚就能踢开,一堆小石头不可能一下子踢开,正如"一根筷子易断,一捆筷子难折"的道理。这启示作者,写文章须以事论理,而这个理是简洁而不简单的真理。当前,面对媒体格局、舆论生态的深刻变化,尤其需要冷静、沉稳、理性地说事讲理,不能图一时嘴上快活、大放厥词,成为网上被"围猎"的对象。如果真是这样,写文章就会"事"与"理"违,得不偿失。

无独有偶,还有一个"小石头砸破大水缸"的理念。据《走向井冈山》一书记载,这是毛泽东在给干部战士讲话中的一个形象比喻:打个比方说,我们现在这支队伍,就好比一个"小石头",而蒋介石呢,就好比一个"大水缸"。别看石头小,但只要用小石头使劲地一砸,水缸就会破了,水就流光了!我们现在队伍的人数虽然很少,但我们将来一定能够强大起来!我们一定能够打破蒋介石这个"大水缸"的!

乍一听,好像是在讲北宋小司马光破缸的故事。细一想,它同毛泽东喜欢读古书、讲故事是分不开的。一个通俗易懂、鼓舞士气的理念,揭示出万事万物并非一成不变,而是千变万化的哲理。就战争而言,抓住时机、方法得当,就能以弱胜强、以小胜大。这启示作者,写文章须坚持问题导向、强化问题意识,多一些就事论理、少一些抽象概念,多一些解决问题的方法办法、少一些泛泛而谈的空洞说教。

"石头理论"之所以传得开、播得远、记得住,因为它是一种通俗的大众理论。英国哲学家罗素在谈到史学能够而且应该为一般读者做些什么时说,我并不认为历史是为历史学家写的,我一直认为历史是受过教育的人的学问的一个基本组成部分;我并不认为诗歌只应由诗人朗诵,也不认为音乐只应由作曲家聆听。可想而知,没有听众的音乐,正如没有人阅读的小说一样,也是等于零。如果写作的文章只是个人的独白,甚或是少数人之间的对话,超不出自我、超不出小圈子,又有多少意义、还有什么意思呢?

毛泽东指出,马克思、恩格斯、列宁"给了我们以武器。这武器不是机关枪,而是马克思列宁主义"。马克思主义的立场、观点、方法是做好工作的看家本领,是指导人们认识世界、改造世界的强大思想武器。只有加强理论学习、厚实理论功底,才能自觉运用马克思主义及其中国化最新成果观察新形势、研究新情况、解决新问题,使党和人民的事业朝着正确方向、遵循客观规律推进。

时下,一些报刊文章注重在拓展理论研究的广度和深度上下工夫,注重研究的整体性和系统性,努力做到思想上有新感悟、政治上有新升华、研究上有新进展,推出一系列系统性与学理性并重、说理透彻与文风活泼兼备的高水平研究成果,为广大党员干部和青年学子加强理论学习、厚实理论功底作出了重要贡献。但也有少量学术文章,搞晦涩艰深那一套,跟读者玩"躲猫猫",自说自话、自娱自乐,好像成心让人看不懂、不让人看下去。这是有百害而无一益的,亟须有则改之,无则加勉。

马克思在《思想如何变成物质的力量?》中说过:理论只要说服人,就能掌握群众;而理论只要彻底,就能说服人。领悟"石头理论"的真谛,就会发现,彻底的理论不仅具有科学性和真理性,而且具有方法论意义和价值引导作用,既能解释历史与现实,又能指导实践、推动工作。

何谓"彻底的理论"？就是能够抓住事物根本的理论。"彻底的理论"来自何方？源于对自然、社会、人自身本质的揭示和把握。关于把握事物的现象、本质和规律，一位党和国家领导人曾提出隋唐英雄程咬金"三板斧"理论：一板斧下去，原来的本质变现有的现象、而原有的规律成现在的本质，一斧深入一斧，自然就会抓住事物的根本。理论如何才能做到"彻底"？这就需要充分掌握材料，做到立论公允、见解深刻，从而有效指导实践和推动工作。如果写的文章数据不准、材料不实，或者没有数据与材料，空话连篇，那自然不能令人信服，诚然也不会让人厚实理论功底，更谈不上有效指导工作。

彻底的理论是可验证的，也是作者需坚守的。写文章要善于运用马克思主义的基本原理、基本方法、价值取向来解释历史、分析现实、指导实践，通过实际运用引导读者深化对马克思主义科学性、真理性的认识。只有在此基础上，读者才可能学会运用马克思主义的基本原理、基本方法分析问题、指导实践，才能依据马克思主义的价值取向进行价值选择和价值判断。这是写文章的一个重要目的，也是作者须坚守的。

"石头情结"与"石头理论"是相通的，是家国情怀的体现与世界担当的彰显。然而，有人总觉得为社会、为国家、为世界写文章，是没有学术水平、没有品位、没有个性的表现。只有"为什么而什么"，如为文学而文学、为艺术而艺术、为哲学而哲学，总之"为学术而学术"，才叫有水平、有学术。从这一"学术逻辑"看，似乎写文章没有服务对象，没有社会使命，只是为了满足自己的爱好与兴趣。毋庸置疑，这种看法是错误的。写文章需要有个人的爱好与兴趣、需要激情与感觉，没有个人爱好与兴趣，没有激情与感觉，赶着鸭子上架是不行的,也不可能获得成功。然而,爱好与兴趣、激情与感觉,可以成为写文章的推动力,而不是其最终目的。

中国特色社会主义进入新时代,写文章必须为全面建成社会主义现代化强国服务、为实现中华民族伟大复兴的中国梦服务、为人类作出新的更大贡献服务。如果没有服务意识,无视最广大人民的根本利益,无视构建人类命运共同体的需要,只是单纯满足个人的需求,这样的文章自然无一丝家国情怀、半缕世界担当,诚然可有可无。

"石头情结"与"石头理论",是个人自由与理论创新的结合体。毛泽东的诗作中讲,"无限风光在险峰"。写文章需要个人自由、宽松环境、大胆探索,如果没有创新思维和创新精神,不突破过时的思想理论和陈旧的观念理念,永远当思想僵化的"码字工",就不可能有新成果、新见解;只是不断重复虽保险但不可能创新,都走平安大道就不会看到新的风光。写文章在于追求真理,而独立之思想、自由之精神是追求真理、探索创新、平等讨论的必要条件。同时要看到,这种学术自由本质是学术民主和学术主体能动性的充分发挥,决不能理解为可任意发表各种奇谈怪论的自由、可以向真理发起进攻的自由。有人曾宣称中英鸦片战争的责任在中国,不拒绝鸦片贸易就不会有战争;鸦片战争打的是腐朽的清朝统治者,而不是中国人民。如果按照这一谬论,从1840年起多次列强入侵,打的都是统治者而与中国人民无关;瓜分的都是统治者的国土,而与中国人民的家园无关。假如把这种"高论"叫作学术自由,那么这种"学术自由"还是不要的好。因为,这是伪学术自由,是向学术真理进攻时的掩体和防身的盔甲。

宋代大学士苏轼在《琴诗》中曰:若言琴上有琴声,放在匣中何不鸣？若言声在指头上，何不于君指上听？手指和琴弦，合则百曲可为，离则一音无成。撰写文章和呈现思想，如同弹奏乐曲，只有达致手指与琴弦的和谐，让独立之思想与自由之精神完美结合，才能让思想更加拨动心弦，达到撰写文章的真实目的。

把"两杆子"融为一体

1992年5月21日,《人民日报》刊发的《延安的锣鼓——毛泽东同志〈在延安文艺座谈会上的讲话〉的前前后后》提到:我们有两支军队,一支是朱总司令的,一支是"鲁总司令"的,即"手里拿枪的军队"和"文化的军队"。这里的"鲁总司令",是指鲁迅。翻看《毛泽东选集》,阅读《在延安文艺座谈会上的讲话》一文,未见"两个总司令",却寻得"两支军队":我们要战胜敌人,首先要依靠手里拿枪的军队。但是仅仅有这种军队是不够的,我们还要有文化的军队,这是团结自己、战胜敌人必不可少的一支军队。

据记载,除了在井冈山和朱德会师等有限的几次外,毛泽东几乎没怎么带过枪。更令人慨叹的是,他从无跨进过军校大门,却差不多生擒了20世纪最显赫的黄埔军校的大部分得意门生。在波谲云诡的军事生涯中,毛泽东纵横捭阖、挥洒自如,"谈笑间,樯橹灰飞烟灭"。那究竟是什么造就他非凡的军事才能?革命要靠枪杆子和笔杆子,共产党要左手拿传单、右手拿枪弹才可以打倒敌人,是毛泽东总结中国革命胜利的一条宝贵经验。

关于枪杆子,毛泽东曾多次发表过论述。早在1927年的"八七会议"上,他就提出"须知政权是由枪杆子中取得的"的名言。秋收起义失利后,他更是排除各种干扰,带领队伍来到井冈山,实行武装割据,并风趣地说,"革命要有根据地,好像人要有屁股一样。一个人假若没有屁股,便不能坐下来,老是走着、站着,当然不会持久"。

《毛泽东的思想》一书的作者——斯图尔特·施拉姆认为,这在当时中国以农村中农民暴动形式出现的社会革命中,毛泽东"是位最成功的倡导人和把农民暴动发展成为以农村为根据地开展游击战的人"。1938年,毛泽东在扩大的党的六届六中全会上作结论时强调,每个共产党员都应懂得这个真理:枪杆子里面出政权。

关于笔杆子,毛泽东对两位湖南老乡有过这样的评价。"壁上红旗飘落照,西风漫卷孤城。保安人物一时新。洞中开宴会,招待出牢人。 纤笔一枝谁与似?三千毛瑟精兵。阵图开向陇山东。昨天文小姐,今日武将军。"①1936 年 12 月,在《临江仙·给丁玲同志》一词中,毛泽东巧妙引用 19 世纪法国军事家拿破仑·波拿巴一支笔可抵挡三千支毛瑟枪的话。"红军之父"朱德有诗作:"名将以身殉国家,愿拼热血卫吾华。太行浩气传千古,留得清漳吐血花。"1942 年 5 月,我军历史上的 36 位军事家之一的左权,不幸殉国于山西辽县十字岭,毛泽东在《左权军事文选》里说,他吃的洋面包都消化了,这个人硬是个"两杆子"都硬的将才。

"书生报国无长物,唯有手中笔如刀""莫谓书生空议论,头颅掷处血斑斑"。除了"笔"和"头颅",知识分子似乎无其他可以报国。毛泽东身为知识分子,却用枪杆子、笔杆子"两杆子",深刻改变了中国,也深刻影响了世界。

胸中有雄兵百万,笔下似风雷激荡。毛泽东曾开玩笑说,我要用"文房四宝"打败国民党的"四大家族"。文房四宝,指笔、墨、纸、砚,是书房中常备的四种文具。在这里,不妨理解为有思想、有哲理、有逻辑和针对性、指导性、可读性强的文章。这类文章来之不易,就像武术招式,腾挪闪跃虽好看,但真正动起手来针对现实最重要,实用管用更关键。细读毛泽东军事著作中的一些思想观点,真可谓把枪杆子、笔杆子"两杆子"融为一体。

"伤指"与"断指",是毛泽东在战争中指挥战争的军事思想,蕴

---

① 《毛泽东年谱(1893—1949)(修订本)》上卷,中央文献出版社 2013 年版,第 636 页。

涵着量变与质变的辩证关系。在井冈山的一次重要会议上,毛泽东对指战员说,打仗没有什么巧妙,简单说就是两句话:打得赢就打,打不赢就走。他打比方说,打得赢就是集中优势兵力消灭敌人,集中五个指头割他一个指头,割掉一个,他就少一个,事物是可以分割的,以后有机会又可以割一个,又少一个,只剩八个了,然后有机会再割一个,总之要割掉。

所谓割掉指头,用毛泽东的话来讲,就是把敌人搞过来,除打死打伤之外,把官兵、枪支、弹药都夺过来,这就叫打得赢就打。那么打不赢呢? 就走,走得远一点,使敌人不知你到哪里去了。这一军事思想告诉人们,击溃战对于雄厚之敌而言,不是基本上决定胜负的东西,而歼灭战对任何敌人都会立即起到重大影响。而对于人,伤其十指不如断其一指;对于敌,击溃其十个师不如歼灭其一个师。

"伤指"与"断指"的军事思想,在红军初创时期起到了重大作用。红军很快发展起来,至1934年全国红军总人数接近30万人。红军长征途中的"四渡赤水",可是毛泽东的神来之笔。试问谁人敢在"四次"上做文章? 常言道,事不过三嘛!

战略上藐视敌人、战术上重视敌人,是毛泽东关于全局性与局部性的军事思想。常言道:一着不慎,满盘皆输。这一着,说的可是带全局性的、对全局有决定意义的一着;而不是那种带局部性的、对全局无决定意义的一着。

正确的部署来源于正确的决心,正确的决心来源于正确的判断,而正确判断来源于周到的和必要的侦察,以及对于各种侦察材料的连贯起来的思索。在《中国革命战争的战略问题》中,毛泽东指出:指挥员使用一切可能的和必要的侦察手段,将侦察得来的敌方情况的各种材料加以去粗取精、去伪存真、由此及彼、由表及里地思索,然后将自己方面的情况加上去,研究双方的对比和相互的关系,因而构成判断,定下决心,作出计划。这是指挥员在作出第一个战略、战役或战斗的计划之前的一个整体的认识情况的过程。

战略上藐视敌人、战术上重视敌人的军事思想,要求把握全局的政党或指挥员当好"智多星",而不是"鲁莽汉"。抗日战争胜利后,尽管中国共产党一心想建立联合政府,但国民党的想法是,卧榻之侧,岂能让他人酣睡,于是派军队进攻我们党领导的根据地,最终于1946年6月发动全面内战。国民党方面还宣称,三个月内即可消灭共产党!

行棋至此,中国的前途和中国人民的命运,只能于战场上见分晓。当时,国民党军总兵力约430万人,其中正规军约200万人;人民解放军总兵力约127万人,其中野战军61万人。两军不仅装备对比悬殊,国民党政府控制的资源和人口,更是共产党无法相比的。敌强我弱的态势尽管明显,但胜负还得靠战略战术。正是在战略上藐视敌人、战术上重视敌人,人民解放军于1948年9月打响了辽沈、淮海、平津"三大战役"。

根据敌人五大集团的特点及其分布情况,毛泽东把"三大战役"确定为三大战区,分三个阶段实施。1948年9月12日—11月2日,人民解放军进行辽沈战役,歼敌47万余人,解放了东北全境;1948年11月6日—1949年1月10日进行的淮海战役,歼敌55.5万人,使解放长江以北地区成为定局;1948年11月29日—1949年1月31日,平津战役歼敌52万多人,解放长江以北,为渡江、解放全中国奠定了基础。

"钟山风雨起苍黄,百万雄师过大江。"1949年4月,人民解放军发起渡江战役占领南京,国民党延续22年的政权在中国大陆覆灭了。在 20 多年的武装斗争生涯里,中国共产党用"两杆子"终于打出一个新世界。由于长期处于弱势,毛泽东把其制胜兵道简括为:你打你的,我打我的,打得赢就打,打不赢就走。

"敌进我退,敌驻我扰,敌疲我打,敌退我追,游击战里操胜算;大步进退,诱敌深入,集中兵力,各个击破,运动战中歼敌人。"①据资料记载,毛泽东身边的高参郭化若,曾见到毛泽东手书这副楹联,并把它保留了下来。郭化若晚年回忆说,在研究和制定战法时,要注意学习和领悟毛泽东这副楹联的精髓,不能也没有必要整天琢磨一些朗朗上口而脱离实际的"四六句",以至找出管用的战法。所谓管用的战术战法,最基本的内涵和要素是,必须像毛泽东那样,把"部队如何行动,从哪里行动,怎么行动,用什么办法行动,谁先行动谁后行动"等基本问题明确起来,千万不要在那里搞什么讲究对仗的文字游戏。

这副楹联不仅道明了游击战、运动战的要义和方法,而且对仗工整、字体飘逸。新中国首任书协主席舒同 1932 年见后感慨万千,以致多年后,他对毛泽东说,我参加革命后,把书法与革命融为一体了,书法特长帮助我搞革命活动,而革命斗争又给了我书法艺术以深刻影响。我这个人呀,就是革命加书法。

毛泽东把"两杆子"融为一体,原因固然很多,但告诫笔杆子,千万不能当撰写"高大上"材料的机器人、两耳不闻窗外事的键盘侠,而要作"腹内藏经史,胸中隐甲兵"、对国防和军队建设发展有着独到见解的思考者与践行人。反观当下,有的笔杆子热衷于"文来文去",醉心于"推来推去",甘当"客里空",不进练兵场、演训场,甘坐

---

① 《毛泽东年谱(1893—1949)(修订本)》上卷,中央文献出版社 2013 年版,第 327 页。

办公室、会议室,茶一杯、烟一支,你一言、他一句,推出一些含金量不高、含水量丰富的材料;有的只为出彩而出力、为表扬而表现,笔杆子成了夸耀成绩的"放大器"、掩盖问题的"遮羞布"。这样的笔杆子于枪杆子毫无用处,必须坚决反对、及时制止。

"深入群众、不尚空谈",这句来自毛泽东题字、镌刻在延安新闻纪念馆大厅里的话,我于2011年见后一直铭记于心。科学家阿尔伯特·爱因斯坦说过:"提出一个问题往往比解决一个问题更重要。"笔杆子要善于发现问题、提出问题,一个时期围绕一个中心问题,加强调研,苦练内功,将"烂笔头"锻造成"硬枪杆"。厚积才能薄发,当前和今后一个时期要学懂弄通做实习近平新时代中国特色社会主义思想和习近平强军思想,贯彻新时代军事战略方针,不断提升思想高度,增加文化厚度,拓展视野宽度,挖掘信息深度,真正为"巧媳妇"备足"优质米"。

平时多流汗,战时少流血。勤于思考,乐于钻研,善于透过现象看本质,总结提炼出带有规律性的观点,用"少而精"的文字归纳出有针对性、可操作的对策与建议,笔杆子才不会让"铁枪头"锈成"镢枪头",而是炼成"金枪头",从而让"两杆子"融为一体。

文章合为时而著之管见

中国共产党成立 100 周年前夕,我所在的人民日报哲学·科社编辑室接到报社一项重要任务,围绕党的十一届六中全会精神撰写头条文章。精读细研《关于建国以来党的若干历史问题的决议》,觉得理解把握"毛泽东思想是被实践证明了的关于中国革命和建设的正确的理论原则和经验总结,毛泽东同志的科学著作是它的集中概括"的精神实质,很有必要了解文章合为时而著的丰富内涵。

文章合为时而著,出自唐代诗魔白居易的《与元九书》,而要了解其内涵,先得读懂诗魔这个人。日前,翻阅《唐代诗人在长安》一书,顾况戏白居易的故事,让人忍俊不禁。初到长安的少年白居易,拿着诗作去拜访著名诗人顾况,风趣的顾况看见"白居易"三字,便诙谐地说:长安物价正贵,恐怕白居不易!等读到"离离原上草,一岁一枯荣;野火烧不尽,春风吹又生"时,却又惊奇地说:能写出如此的诗句,白居也易!

白居易不仅诗歌写得通俗直白,而且勇于把诗歌呈现给皇上,敢于将社会现实通过诗歌表达出来,从而达到劝诫皇帝的目的。正因如此,宋祁、欧阳修等人在《新唐书》中这样评价他:观居易始以直道奋,在天子前争安危,冀以立功,虽中被斥,晚益不衰。呜呼,居易其贤哉!也正因如此,晚年的白居易写道:自登朝来,年齿渐长,阅事渐多,每与人言,多询时务,每读书史,多求理道,始知文章合为时而著,歌诗合为事而作。显然,文章合为时而著的"时",即时代之意;为时而著,意味着自己对所处时代的一种关注,对现实社会的一种关切,对改造社会、促进社会进步的一种责任与担当。这也让人清醒地认识到,毛泽东著作为中国革命和建设而著,其目的是改造旧中国社会,促进新中国的社会进步。正如曾三度访华的法国前总理埃德加·富尔所说,他用简单的形式,表现生动而深刻的革命题材,是国内所有人都能够理解的,也是世世代代的人都能够理解的。

历史是一面镜子,从历史中人们能够更好看清世界、参透生活、认识自己;历史也是一位智者,同历史对话人们能够更好认识过去、把握当下、面向未来。历史与现实是贯通的,文章合为时而著的"时"是现在也是过去。毛泽东一生写下许多不朽的光辉篇章,是我们党和国家一笔宝贵的精神财富。那当今需阅读哪些著作?要回答好这一问题,先得弄清到底有哪些著作?前些年,我先后两次到湘潭大学参与学术研讨会,每次都会参观毛泽东故居,顺道到毛泽东图书馆浏览一番。

为伟人、名人建纪念图书馆,在国外是司空见惯之事,美国每个退休总统几乎均有一座,在中国实属罕见。韶山毛泽东图书馆是进行革命传统教育的重要基地,旨在建成毛泽东思想研究资料中心。这里大致收藏了三类书籍:一是毛泽东撰写的书籍,如各种选集、文集、单行本;值得一提的是一种手抄本《毛泽东选集》,一位河北沧州的退休干部用行书在宣纸上手抄了《毛泽东选集》全四卷,每个字如小核桃之大,并手工装裱成四十八册,于1998年12月26日,即毛泽东诞辰105周年的当天将其送至韶山,以表对毛泽东的敬仰之情。二是毛泽东看过和评点过的书籍,如收有一套线装本《毛泽东点评二十四史》复印本。三是撰写毛泽东的书籍,如研究其生平、思想、战例、战法、著作、讲话、家事、家谱、生活习惯等书籍。

古今中外,无论博物馆还是图书馆均有镇馆之宝,毛泽东图书馆

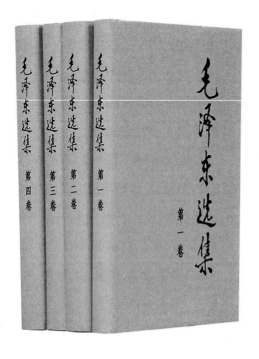

概莫能外,一本版权页上写着:"编印:晋察冀日报;发行:晋察冀新华书店;定价:三百元(边币);一九四四年五月初版"的《毛泽东选集》。原来1942年开展延安整风运动时,党中央成立宣传教育委员会,毛泽东是主任,王稼祥任副主任。延安整风运动过后,晋察冀边区请示中央宣传教育委员会后,决定编一本《毛泽东

选集》,这个任务落在时任《晋察冀日报》社长邓拓的肩上。边区党委 1944 年 1 月下发文件,三个月过后,邓拓就编出这本书。

从毛泽东图书馆的镇馆之宝到退休干部手抄《毛泽东选集》,不难发现《毛泽东选集》真可谓为时而著。或许有人在想或在问,除了《毛泽东选集》还有哪些书籍?据《人民日报》相关文章介绍,中央档案馆保存着 4 万多件毛泽东文稿,专门建立"毛泽东全宗",加强对毛泽东所有文稿的管理。这些文稿时间跨度长、种类多,包括毛泽东的文章、批示、指示、讲话提纲、批注、书信、诗词、手书等,涵盖其各个时期各种类别的文稿。

说到这里,不得不提到中央曾多次在全国范围征集毛泽东文稿,提及毛泽东与高亨的故事。1963 年 11 月,毛泽东与山东大学教授高亨亲切交谈时,询问其学术研究情况,高亨十分高兴,回校后就将专著《周易古经今注》《诸子新笺》等寄予他。1964 年,高亨在学习新版《毛泽东诗词》后有感而发,写下当时广为流传的《水调歌头》一词:"掌上千秋史,胸中百万兵。眼底六州风雨,笔下有雷声。唤醒蛰龙飞起,扫灭魔炎魅火,挥剑斩长鲸。春满人间世,日照大旗红。

抒慷慨,写鏖战,记长征。天章云锦,织出革命之豪情。细检诗坛李杜,词苑苏辛佳什,未有此奇雄。携卷登山唱,流韵壮东风。"据说高亨不仅把这首词寄给了毛泽东,而且收到了毛泽东亲笔回信,苦于档案没有记载。在全国文稿征集中,终于通过高亨收集到回信的原件:"高亨先生:寄书寄词,还有两信,均已收到,极为感谢。高文典册,我很爱读。肃此。敬颂安吉!"

档案是人类活动的真实记录,是人们认识和把握客观规律、促进各项事业持续发展的重要依据。毛泽东文稿的收集和保管,为人们学习、研究和宣传毛泽东思想发挥了重要作用。1987 年,中央文献研究室编辑出版《建国以来毛泽东文稿》1—13 册,编入毛泽东新中国成立后的手稿、讲话、谈话和文章,其中大量均来自中央档案馆的"珍品"。1991 年,中国共产党成立 70 周年前夕修订出版《毛泽东选集》第一至四卷(第二版),中央档案馆提供了许多"极品"。没有收入选集的文稿,则由原中央文献研究室负责编辑《毛泽东文集》,按文稿时间顺序分卷编排,1993 年毛泽东诞辰 100 周年时出版第一、二卷,1996 年毛泽东逝世 20 周年时出版第三、四、五卷,1999 年 7 月 1 日出版第六、七、八卷。全部选稿 803 篇,其中民主革命时期 504 篇,社会主义时期 299 篇。所有这些重要书籍,均较好地体现了文章合为时而著。

文章合为时而著,既需回望历史,更要前瞻未来,只有聆听时代的声音,回应时代的呼唤,认真研究解决重大而紧迫的问题,才能真正把握住历史脉络、找到发展规律,推动理论创新。一切有理想、有抱负的思想理论工作者和专家学者,理应立时代之潮头、通古今之变化、发思想之先声,积极为党和人民述学立论、建言献策,担负起历史赋予的光荣使命。可是,对于写文章向来看法各异。有人说是雕虫小技,无足轻重。三国时期的魏文帝曹丕在《典论·论文》中有言:"经国之大业,不朽之盛事。"不管怎么讲,文章总是社会生活不可或缺的部分,反映着现实,记载着历史。

既然这样,不妨把写文章想象成替人挠痒痒,只有挠到痒处才叫真舒服。如何挠到痒处?有感白居易的多求理道,大抵是说读书写作力求有道有理,道是规律、立场、方法,就是追求真理;理为具体要求,用学理讲道理、富哲理,让受众气顺、服气。毛泽东是举世公认的理论大家和文章大家,曾多次强调一篇文章必须讲出一定的道理、有鲜明的观点,反对材料或现象罗列。一篇文章要做到观点鲜明,就必须坚持真理。因此,他认为写文章或做演说,所阐述的问题,只要是反映科学的、真理的内容,就"决不怕人家驳";并提出三个"吃饭理论",即"共产党不靠吓人吃饭,而是靠马克思列宁主义的真理吃饭,靠实事求是吃饭,靠科学吃饭",强调"我们共产党人从来认为隐瞒自己的观点是可耻的。我们党所办的报纸,我们党所进行的一切宣传工作,都应当是生动的,鲜明的,尖锐的,毫不吞吞吐吐。这是我们革命无产阶级应有的战斗风格。"这里反映的正是毛泽东坚持真理的思想品格,也是他写文章的一贯风格。

观点鲜明的文章,一般都是精炼且言之有物的。毛泽东认为文章应"写得短些,写得精粹些",而"最不应该、最要反对的是言之无物的文章",尤其"应当禁绝一切空话"。在《反对党八股》中,他批评有些同志喜欢写长文章,但是没有什么内容,真是"懒婆娘的裹脚,又长又臭",提出"主要的和首先的任务,是把那些又长又臭的懒婆娘的裹脚,赶快扔到垃圾桶里去"。而那种没有明确观点、只会简单列举材料的文章的写法,毛泽东认为"实在是一种最低级、最幼稚、最庸俗的方法"。

2019 年我到北京联合大学参加学术研讨会,当台上有媒体人提到作者是编辑的"衣食父母"时,我听到台下有人开玩笑似地说,现在到中央报刊上发表一篇文章,可比求"亲生父母"还难。其实,编辑视作者为"衣食父母",是希望"来料"观点准确、权威、鲜明,论证有理、有据、有节;而作者视编辑为"亲生父母",是期待个人文稿被"铅化",二者的出发点和落脚点都是对的。问题出在一些文章可谓"无痛无痒",发现不了痒处,挠不到痒点,自然无法叫人舒坦。

那什么是"有痛有痒"文章? 有人一定会抢答:鲁迅式的文章

嘛！那也未必。作为编辑大都有过这样的体会,有时编辑处理一篇文稿,全身有种说不出的舒服,个人的思想往往被作者带着走,文章有见解、有深度,为时而作;相反,有些文章没有学习体会、个人见解,大都人云亦云、鹦鹉学舌,只是为歌功、颂德、捞绩而写。愿诸君自问自勉,请各位自写自强!

道不尽的《孙子兵法》

　　领导秋收起义开辟了井冈山根据地,领导红军粉碎国民党的围追堵截完成了长征,率领八路军和新四军抗击了日本帝国主义军队的入侵,领导中国人民志愿军击退了入侵朝鲜的美国军队。毛泽东经历的战争状况之错综复杂,指挥过的战役之多和规模之大,都是前不见古人,后未现来者。2020年11月间,却在网易上读到一篇《我坚决反对毛泽东来指挥红军!》的文章,当时让人惊出一身冷汗。

　　《我坚决反对毛泽东来指挥红军!》这篇

"网文",摘自解放军文艺出版社 2003 年出版的《毛泽东楹联、名句、趣事》一书,文中讲述了这样一件事情。1935 年的遵义会议上,时任中央政治局候补委员的凯丰,站起来一板一眼说:你,毛泽东懂得什么是马列主义? 你顶多是看了些《孙子兵法》。你的军事战略都是从那里学来的,现在用不上了。你还会什么,不就是凭着《孙子兵法》指挥打仗吗? 然后,他又朝李德和博古那边瞧了瞧,继续道:我坚决反对毛泽东来指挥红军!

这个时候的毛泽东,确实窝了一肚子火。他猛吸一口烟,抬起头不紧不慢地问道:我说凯丰同志,你读过《孙子兵法》吗? 你知道《孙子兵法》有几章几节吗? 第一句是怎么说的? 既然你没有读过,又怎么知道我是靠《孙子兵法》打仗的呢?

《孙子兵法》被誉为"百世兵家之师",是一部古今中外军事将领和高官大吏必读又道不尽的"兵学圣典"。唐太守李世民曰:观诸兵书,无出孙武。1996 年美国哈佛大学的 57 名学者对世界名著进行评选,《孙子兵法》被列为"世界四千年十大名著"。

凯丰,原名何克全,是中国共产党杰出的理论宣传家。不久后的一次党内重要会议上,他又站起来说:现在,我宣布收回我在遵义会议上的观点,坚决拥护毛泽东来领导我们的红军。因为,实践已经证明,只有毛泽东才能领导得了我们的党,才能领导得了我们的红军。谁反对毛泽东我就反对谁!

《我坚决反对毛泽东来指挥红军!》的"网文"还特意交代:这是发生在中国革命史上的真人和真事。

求证心切,我托同事刘学在互联网上买来《毛泽东楹联、名句、趣事》一书,对文中之事认真比对,确实无误。

出于好奇,我还在《毛泽东年谱》第五卷中寻得以下信息:1962

年1月12日晚上，毛泽东会见以日本社会党顾问铃木茂三郎为团长的日本社会党访华团。他对访华团团员、研究军事理论的石桥政嗣说：从前德国有两位军事理论家，一位是恩格斯，另一位是克劳塞维茨。克劳塞维茨的书，我在战争中被迫多少研究过一些，不过研究得也很少。《孙子兵法》是中国古典军事学当中比较好的书，比克劳塞维茨的书要早。

当今，人们习惯将卡尔·菲利普·戈特弗里德·冯·克劳塞维茨的《战争论》称为"西方的《孙子兵法》"，而将早于《战争论》约2300年的《孙子兵法》称为"东方的《战争论》"。可见，两部兵书真可谓"等量齐观"。

《孙子兵法》的作者，名武，字长卿，生卒年代尚不可考，大概与孔子是同时代人，生于公元前500年前后。仅仅6000余字的《孙子兵法》，问世2500多年来，为何能跨越国界、超越时空？

《孙子兵法》作为揭示竞争规律的扛鼎之作，从军事上说，无论是战争观还是战略思想，无论是用兵之道还是治军理念，几乎无所不包。从文学上说，是一部典型的格言体著作，妙语连珠，令人目不暇接。从语言学上说，充分体现单音词时代的一字一词、一词多义特点，内涵十分丰富。从哲学上说，在矛盾对立统一中揭示出战争本质，通篇贯穿着辩证法思想。这部古老兵书一直在警醒着人们：怎么对待战争问题？怎么把握战争机遇？怎么赢得战争胜利？

综观世界兵学史，"知彼知己，百战不殆"作为普遍意义的战争指导原则，是由孙武首次提出并系统阐述的。这条战争指导原则是《孙子兵法》的有机组成部分，是理解全书的一条重要线索。《孙子兵法》十三篇，其中《始计篇》综论兵法之大纲大要，《作战篇》《谋攻篇》阐述兵争关键在军备、在伐谋伐交，《军形篇》《兵势篇》《虚实篇》侧重知己,《军争篇》《九变篇》《行军篇》重在料敌知彼,《地形篇》《九地篇》《火攻篇》意在知地知天,《用间篇》论述"三军所恃而动"的根据与方法,贯通全文。这部"百世兵家之师",以"全胜"为灵魂,展现"美";以"胜战"为追求,体现"善",以"知情"为基础,呈现"真"。

据史料记载:毛泽东被凯丰抢白几句前,只是看过《孙子兵法》,确实没有很好研读过。如果说当时毛泽东军事指挥艺术对《孙子兵法》原则的运用尚处于不自觉的阶段,那更多的是马克思列宁主义革命战争理论在军事斗争中的运用,是中国革命战争实践经验的总结和创造性发展,而他的战略思想与《孙子兵法》却有着惊人的不谋而合;从那以后,毛泽东对《孙子兵法》的理解就更透彻、更深刻,其运用手法就更为高超、更为自觉。

1936年,毛泽东致函在西安做统战工作的叶剑英和刘鼎,嘱他们购买一批书籍,特别是"要买一部《孙子兵法》来"。从这时起,为了总结第二次国内革命战争正反两方面的经验,为了写作《中国革命战争的战略问题》,毛泽东开始认真研读《孙子兵法》和其他一些军事著作。

看到《我坚决反对毛泽东来指挥红军!》这篇"网文"时,我正在阅读易中天著的《中国人的智慧》一书,特意细读"兵家的思考"一章,品鉴老子与孙子军事思想的同与异。写作这篇文章前,又专门精读了收录于《毛泽东选集》第一卷的《中国革命战争的战略问题》。

在指挥中国革命战争的过程中,毛泽东为什么能够充分借鉴和汲取《孙子兵法》的思想精华,为什么能够继承和发展这一古代"兵学圣典",使其原本闪烁着的辩证法光辉发出更加耀眼的光芒?

应该说，答案就在毛泽东1938年对身边高参郭化若的谈话中。"为了发扬中华民族的历史遗产要去读孙子的书，要精滤《孙子兵法》中卓越的战略思想，批判地接受其战争指导的法则与原理，并以新的内容去充实它。"他还强调，应该研究孙子所处时代的社会、政治、经济情况和哲学思想，以及孙子以前的兵学思想，然后对《孙子兵法》本身做研究，才能深刻理解《孙子兵法》。

《孙子兵法》是说不完的，但从毛泽东看过《孙子兵法》，到"被迫"研读它和其他一些军事著作，再到把其中的辩证法思想发扬光大。这启示人们，读书和写作的目的与目标是一致的，千万不能因完成"作业"而写作，应为"写作"而作业，在熟读原著中领悟其思想精华，在实践中丰富和发展其光辉思想。

读死书、死读书，会读死人。把书读活，是很多人的追求。原中央文献研究室副主任陈晋在《怎样把书读活——谈谈毛泽东的读书方法》一文说：所谓读"活"，就是把书本知识转化为认识，把认识转化为智慧，把智慧转化为能力，把能力转化为实践，进而在实践中有所创造。概括地说，就是读有所得，得而能用，用而生巧。

如何才能"读有所得，得而能用，用而生巧"？从哲学上讲，从掌握知识到实践创造，体现了从认识世界到改造世界的实现逻辑。贯不通这根逻辑链条，很可能就是教条主义。这是因为，书本知识不能代替人们在实践活动中的复杂判断和困难选择。众所周知王明和毛泽东都读马列著作，王明读得甚至更多，但他是教条主义，毛泽东则坚持实事求是。显而易见，读书效果取决于读法和用法，是否拥有从书本到实践、从主观到客观的进出自如的本事。

单从读书与写作的关系来看，先得找准读书目的与写作目标。

读书目的是什么？因人因时而异，没有"唯一解"。一本《共产党宣言》，毛泽东看了不下一百遍，并对中共中央组织部原副部长曾志说，我写《新民主主义论》时，《共产党宣言》就翻阅过多次。须谨记的是，读书目的应当与自己肩负的职责相一致，同个人具备的学识相匹配，这样才能在达到写作目标中展示见解、彰显担当。

文章合为时而著，这个"时"就包涵时代生活、时代使命的意蕴。也就是说，读书和写作应当解决好一个时期的目标。例如，《中国革命战争的战略问题》一文，是毛泽东为了总结第二次国内革命战争经验而撰写的，曾在陕北的红军大学作过讲演。这是第二次国内革命战争时期党内在军事问题上的一场大争论的结果，是表示一条路线反对另一条路线的意见。

对于"两条路线"的争论，《中国革命战争的战略问题》一文注释

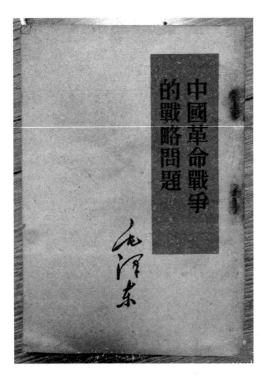

中说得很清楚：1935 年 1 月中共中央召开的遵义会议作出了结论，肯定了毛泽东的意见，否定了错误路线的意见。在 1935 年 10 月中共中央移到陕北以后，毛泽东随即在 12 月作了《论反对日本帝国主义的策略》的报告，系统地解决了第二次国内革命战争时期党的政治路线上的问题。第二年，即 1936 年，毛泽东又写了这部著作，系统地说

明了有关中国革命战争战略方面的诸问题。

据毛泽东讲,《中国革命战争的战略问题》只完成了五章,尚有战略进攻、政治工作及其他问题,因西安事变发生,没有工夫再写,就搁笔了。为此,有人感叹太可惜了！细一想,读书和写作的目的与目标相一致是一个漫长的过程。因为一个目的往往由多个目标组成,一篇文章常常也只能解决当时一个目标。所以说《孙子兵法》是道不尽,也不必为《中国革命战争的战略问题》的未成稿而叹惜！

妥善解决写作首要问题

如何改变旧中国？五四运动爆发的1919年，毛泽东在《湘江评论》上大声疾呼社会变革，但方法是温和的。正是这一年，孙中山在上海作了题为《改造中国之第一步》的演讲："第一步的方法是什么？在兄弟的意思，只有革命。"作为伟大的革命家，毛泽东为什么没有明确提出革命，反倒是孙中山旗帜鲜明？真可谓实践出真知。至今读来，让人思考起一个问题：正确而鲜明的观点从哪里来？这是写文章须妥善解决的首要问题。

从社会实践中来。民主革命的先行者孙

中山能一语中的般地提出"只有革命"的鲜明观点,是他从亲身经历中得出的正确结论。孙中山是一个热爱和平的人,第一个提出"振兴中华"的口号。在下定决心投身革命实际行动的前夜,他还想着尝试一下推动清政府实行自上而下的改革,曾上书当时掌握大权的李鸿章,看看这条路是否走得通。当希望像肥皂泡在阳光下化为乌有时,他便义无反顾地去组织兴中会,发动反清革命。清政府被推翻,孙中山又想着全力投入实业建设,可当他正在日本考察铁路之时,首任中华民国大总统袁世凯却派人暗杀了国民党代理理事长宋教仁,几乎扑灭了国内的革命力量。无情事实一再把美好愿望击得粉碎,让孙中山领悟到,在外国列强和国内反动势力统治中国的情况下,和平建设这条路根本走不通。为此,他曾对人说:建设是革命的唯一目的,如不存心建设,即不必破坏,更不必言革命。这一鲜明的观点,至今具有重要价值。

毛泽东曾称孙中山为"站在正面指导时代潮流的伟大历史人物"之一,并对其多次作过科学评价,反映了中国共产党人及全体中国人民的心声。1949年6月在《论人民民主专政》一文中,毛泽东更是对孙中山为什么革命有过论述:"孙中山的一生中,曾经无数次地向资本主义国家呼吁过援助,结果一切

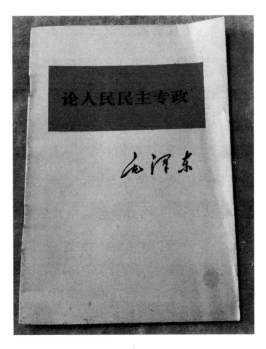

落空,反而遭到了无情的打击。在孙中山一生中,只得过一次国际的援助,这就是苏联的援助。请读者们看一看孙先生的遗嘱吧,他在那里谆谆嘱咐人们的,不是叫人们把眼光向着帝国主义国家的援助,而是叫人们'联合世界上以平等待我之民族'。孙先生有了经验了,他吃过亏,上过当。我们要记得他的话,不要再上当。我们在国际上是属于以苏联为首的反帝国主义战线一方面的,真正的友谊的援助只能向这一方面去找,而不能向帝国主义战线一方面去找。"[1]在俄乌发生冲突的当下,读罢这段文字,犹令人感慨与赞叹!

党的十五大把孙中山和毛泽东、邓小平一起,称为20世纪中国三个"站在时代前列的伟大人物"。而比孙中山小27岁的毛泽东,提出"社会变革"论的时候,恰风华正茂,处于人生的社会实践和经验积累期。1911年辛亥革命爆发后,青年毛泽东报名参加湖南新军,对时事和社会问题表现出浓厚的兴趣和热情;正是这一年,当他读到同盟会办的《民立报》后,便撰文表示拥护孙中山及同盟会的纲领。1918年4月,毛泽东、何叔衡等人发起成立新民学会;8月,为组织湖南赴法勤工俭学运动第一次到北京的毛泽东,得到李大钊等人的帮助,开始接受俄国十月革命的思想影响。1919年7月,受五四运动的影响,湖南省学联创刊《湘江评论》,毛泽东为主编和主要撰稿人。他在撰写的创刊宣言中指出:"世界什么问题最大?吃饭问题最大。什么力量最强?民众联合的力量最强。什么不要怕?天不要怕,鬼不要怕,死人不要怕,官僚不要怕,军阀不要怕,资本家不要怕。"反对强权政治,实现民众的大联合,从那时起就成为毛泽东的思想与实践。然而,细心洞察这些"社会变革"观点的背后,当时的毛泽东仍是一个

---

[1] 《毛泽东选集》第四卷,人民出版社1991年版,第1474—1475页。

温情革命者,其所作所为无非是"忠告运动"与"呼声革命"。

1920年12月,毛泽东在给好友蔡和森、萧子升的信中写道:我看俄国式的革命,是无论如何的山穷水尽诸路皆走不通了的一个变计,并不是有更好的方法弃而不采,单要采这个恐怖的方法。毛泽东的"一个变计",与孙中山的"只有革命"基本上是一致的,至少可以画约等号。

这么短的时间里,为什么毛泽东提出了"一个变计"的鲜明观点?人们常说"经历就是财富",可见"就是"是"经历"转化为"财富"的路径。虽然转化路径不是唯一的,具有多样性,但转化的基本方法具有可循性——正反两方面经验的科学总结。这就告诉作者,正确而鲜明的观点从总结经验中来。

有了人生经历就得总结经验,毛泽东曾意味深长地说,"我是靠总结经验吃饭的"。1920年5月,为欢送赴法勤工俭学的新民学会会员,毛泽东来到上海。6月的一天,毛泽东特意前去拜访自己心中的偶像陈独秀,这次会晤给其留下至深的记忆:"我第二次到上海的时候,曾经和陈独秀讨论我读过的马克思主义书籍。在我一生中可能是关键性的这个时期,陈独秀表明自己信仰的那些话给我留下了深刻的印象。"回到长沙,毛泽东参加创建湖南早期共产党组织,终于悟到十月革命胜利的真正原因,就在于"列宁之以百万党员,建平民革命的空前大业,扫荡反革命党,洗刷上中阶级,有主义(布尔失委克斯姆),有时机(俄国战败),有预备,有真正可靠的党众,一呼而起,下令于流水之原,不崇朝而占全国人数十分之八九的劳农阶级,如响斯应。俄国革命的成功,全在这些处所。"①这个时候的毛泽东,

① 《毛泽东年谱(1893—1949)(修订本)》上卷,中央文献出版社2013年版,第63页。

不仅摒弃了温和的"呼声革命",提出了"一个变计",而且成长为一个马克思主义者。1936年,毛泽东与美国著名记者埃德加·斯诺谈话时说:到1920年夏天,在理论上,而且在某种程度的行动上,我已成为一个马克思主义者了,而且从此我也认为自己是一个马克思主义者了。

正确而鲜明的观点,还需要虚心学习、分清是非,坚持真理、批驳谬误。日前,围绕"实现国家现代化,是几代中国人的共同梦想"这一话题,我参与了"20世纪上半叶,中国人主要从事革命斗争,集中力量解决民族独立和人民解放,是不是如有些人所说的走入误区或走了弯路?为革命作出的牺牲是不是多余的"的研讨。不容置疑,这些人的看法是完全错误的,其观点实质是一个不是问题的问题。

说它不是问题,是因为党的十五大报告明确指出:"鸦片战争后,中国成为半殖民地半封建国家。中华民族面对着两大历史任务:一个是求得民族独立和人民解放;一个是实现国家繁荣富强和人民共同富裕。前一任务是为后一任务扫清障碍,创造必要的前提。"这段话已经把实现两大历史任务的关系讲得十分清楚:前者是后者的"前提",只有实现前一个目标,扫清了障碍,才有可能真正实现后一个目标。我们之所以把它称为必要的前提,也就是说,这个前提是绕不开的,是不能回避的,必须先这样做,用其他做法均无法实现后一个目标。

说它是一个问题,则指革命与现代化的关系是一个真问题。在20世纪上半叶的中国历史中,革命和现代化并不是对立的:革命的目标是实现现代化,而现代化需要革命为其扫清障碍。

18世纪中叶,法国启蒙思想家伏尔泰说过:由于它是世界上最古老的民族,它在伦理道德和治国理政方面,堪称首屈一指。在几千

216

年的历史发展中,中国人民创造了悠久灿烂的中华文明,为人类作出了卓越贡献,成为世界上伟大的民族之一。据一些学者的研究显示,1800 年中国的工业产值主要是手工业生产占世界的 33.3%,而整个欧洲仅占 28.1%;18 世纪全球超过 50 万人口的大城市共有 10 个,中国占了 6 个:北京、南京、扬州、苏州、杭州、广州。

"灵台无计逃神矢,风雨如磐暗故园。寄意寒星荃不察,我以我血荐轩辕。" 1903 年,21 岁的鲁迅写下这首饱含悲愤的七言绝句——《自题小像》,呼喊出无数爱国者的共同心声。1840 年鸦片战争后,旧中国贫穷衰败、任人摆布,到了奄奄一息、濒临灭亡的边缘。一些傲慢的西方人把中华民族看成"劣等民族",日本人把中国人叫作"东亚病夫"。救亡,成为千千万万中国人苦苦追求的第一目标。皮之不存,毛将焉附。如果连国家都灭亡了,又何来现代化之谈?

细读和深思中国近现代史,就会明白革命与现代化的关系。当国家的命运不掌握在中国人手里的时候,当统治中国的反动势力拒绝一切根本社会变革的情况下,进行大规模现代化建设只能是一句空话、一纸空文;如果事情用和平的办法真能解决,怎么会有千百万人奋不顾身地投身革命,不惜抛头颅、洒热血,这绝不是任何人想这样做便能做到的;革命通常是人民被反动统治者"逼上梁山"而作出的万不得已的选择,这是一种正确的选择,舍此没有其他办法能从根本上改变旧秩序和旧生活,进而建设现代化。

观察中国问题不可或缺的一个视角,就是中国的历史命运既来自中国的大变动,又同世界的大变动相联系。18 世纪末的美国独立战争和法国大革命均出现过这样的局面:千百万群众行动起来,以对旧有社会秩序采取革命行动,摧毁这些旧的社会结构和政治体制,建立起新的社会结构和政治体制。虽然流了不少血、付出过代价,却为国家的现代化进程,包括工业化和民主政治建设扫清了道路。这对于推动人类社会历史前进所起的巨大作用是举世公认的,但必须看到,正是 18 世纪和 19 世纪之交的法国大革命和英国工业革命,使西方在经济和政治上发生重大变化,中国很快就落后了、落伍了。

历史可以说是集体的记忆,是人类实践记录的总汇。走出历史的记忆,叩问正确而鲜明的观点从哪里来? 从社会实践中来,从经验总结中来,从虚心学习中来。而正确与鲜明孰重孰轻? 正确属于必要的前提,而鲜明是在必要前提的条件下追求达到的一种目的。

工作之法启发写作之道

2021 年 10 月，我收到一套《史林智慧琐谈》丛书，这套丛书是中央文献出版社 2006 年至 2011 年出版的，如获至宝。当时，我正在拜读《向开国领袖学习工作方法》一书，恰好合而为一、互为借鉴。这些书籍中讲了许多毛泽东思想和工作之法，对于领悟写作之道很有启发和帮助。

《三国志·魏书·郭嘉传》是毛泽东爱读的一篇人物传记，"多谋善断，留有余地"就出自他对郭嘉的评价。1959 年 3 月 2 日，毛泽东在郑州召开的政治局扩大会议上说，曹操有一个谋士叫郭嘉,27 岁到他那里当参谋,38 岁就死了。赤壁之战时,曹操想念他,说这个人若在,不会使我处于这种困难境地。过去有许多好主意就是他出的。比如,打不打吕布,曾经是议论纷纷。那时袁绍占领整个河北和豫北,就是郑州以北,曹操在许昌,吕布在徐州。郭嘉建议先打吕布。有人说,打吕布,袁绍插下来怎么办?郭嘉说,袁绍这个人多端寡要,见事迟,得计迟,不要怕。袁绍一定不会打许昌。于是曹操就去打吕布,把吕布搞倒了。如果吕布与袁绍联合起来打曹操,曹操就危险了。郭嘉的计谋是成功的。不久,毛泽东还谈起,世上没有先知先觉,没有什么前知五百年、后知五百年的刘伯温,无非是"多谋善断,留有余地",《三国志》里《郭嘉传》值得一读。

什么是"多谋"?在毛泽东看来,就是要与各方面的人,包括与自己意见相反的人商量问题,到群众中去调查研究,听取各种意见。什么是"善断"?就是要能正确集中各方面的意见,不失时机地作出判断和选择,这需要提高马克思主义水平,需要胆略、才识和魄力。这是一种重要的思想方法和工作方法,启发作者,不管写何种题材的文章,提出正确而鲜明的思想观点是写作之道。而要提炼出正确而鲜明的思想观点,就必须多与人商量问题,多到群众中去调查研究,听取各种意见,拿到第一材料。当然,这同个人的理论素养和思想境界密不可分,要把读原著、学原文、悟原理这一党的理论武装工作的优良传统继承好、发扬好。

后来,毛泽东在其他场合进一步解释说:"多谋善断"这句话,重点在"谋"字上。要多谋,少谋是不行的。要与各方面去商量,反对少谋武断。商量又少,又武断,那事情就办不好。谋是基础,只有多谋,才能善断。谋的目的就是断。要当机立断,不要优柔寡断。

在这里,毛泽东论述了"多谋"与"善断"的辩证关系。试想,除了称道郭嘉的"多谋",他还有赞赏曹操的"善断"之意。毛泽东评袁绍"优柔寡断,不会用将",说其见事迟、得计迟,常常处于被动,吃了败仗。而曹操就不同了,如果没有他的当机立断,郭嘉再好的主意,也不会得到实施。

真可谓一语点醒梦中人。前些年,我有幸参与一些重要文稿的起草,大都七稿八稿,终成一稿。然而,十有三四,难以定稿,最终胎死腹中、不了了之。究其原因,谋得少、端偏多、断不准,主要表现为文稿上午被赞成美如"小姑娘"、下午又被说作丑似"老妖婆",今天一个提纲、明天另起炉灶,常常东修西改、往往南辕北辙,正应了十大元帅之一的刘伯承在作战筹划上的一句话:五行不定,输得干干净净。这可视为一条反面的写作之道。如何解决这一写作问题?近两年,我组织撰写了两篇"任理轩"文章,即《人民日报》理论宣传文章,每篇初稿分管社领导均作出详细修改意见,每次定稿报社主要领导让多部门参与修改,听取多方意见、果断而不武断,文章自然传得开、播得远、反响好。

"善断"与"多谋"并举,则可成非常之功,大有道理。2003年,我刚到空军某部组织股长岗位上,恰遇岁末年初收集整理、修改上报单位和个人简要事迹材料。这是一项重要工作,也是一份急活。那时,对于每份简要事迹材料,我都逐段逐句修改、逐词逐字推敲,白加黑、五加二,加班加点、自力更生。一天,同事提出意见,大意是说,每份简要事迹材料都修改成个人要求的那种格式和模板,人吃苦受累不说,效果也不见得就好。当晚,虽鸡叫三遍才上床,可我辗转反侧,觉得同事的话不无道理。合理的意见是头脑"清醒剂",更是工作"助力剂"。2014年到《人民日报》理论部当编辑后,近八年间,不时想起同事当年的意见。"文无定法",千万不能先入为主,以个人喜好定文法、作模板。值得注意的是,谋要多,但不要寡断,须当机立断;端可多,但要抓住重点,呈现特点。我始终牢记,视其为写作之道。

"各去所偏,归于一是",是毛泽东在延安时期说过的话。这是关于贯彻马克思主义认识论和党的实事求是思想路线的一句名言。其原话是,"此次争论,对边区,对个人,皆有助益。各去所偏,就会归于一是",彰显科学的工作方法和高超的领导智慧。

"此次争论"是什么争论、怎样处置? 20 世纪 40 年代初,陕甘宁边区政府的财政经济面临严重困难和危机。翻阅《毛泽东选集》第三卷,细读《抗日时期的经济问题和财政问题》,就能从毛泽东笔墨中找到答案:"我们曾经弄到几乎没有衣穿,没有油吃,没有纸,没有菜,战士没有鞋袜,工作人员在冬天没有被盖。国民党用停发经费与封锁经济来对待我们,企图把我们困死。我们的困难真是大极了。"①

如何解决困难、渡过难关? 1941 年,毛泽东和其他中央领导人用了许多时间来调研边区财政经济,并实行了一些新的政策。然而,在确立发展财政经济的方针问题上,边区政府负责人和党中央一些领导人之间在认识上并不完全一致,甚至出现一些不同看法。看问题、做事情,难免带有个人特点,由此出现看法分歧和争论符合常情,也是常有之事。从写文章的角度看,却是一条写作之道。文章的中心思想和主要观点必须正确,如有歧义,必然引发争辩,难以较好发挥教育人、引导人、凝聚人的作用,甚或引来不必要的烦恼。

----

① 《毛泽东选集》第二卷,人民出版社 1991 年版,第 892 页。

如何统一思想、解决问题？受中央政治局委托，毛泽东与时任边区政府主席林伯渠、政府秘书长谢觉哉，多次进行思想沟通和工作交流。据谢觉哉日记载：6月12日，"同林伯渠至毛泽东处谈话至傍晚"；7月24日下午，"至毛主席处谈至夜晚，谈话后毛派汽车送回住处"；7月26日，"毛泽东到陕甘宁边区政府访，谈到夜一点回去"。每次所谈话题，均为边区财政经济政策。谢觉哉还分别于7月25日、26日致信毛泽东，并附送了《池盐运销研究》的材料。7月31日，毛泽东给林、谢二位写信说：我的了解仍不足，现行政策的几个根本点（预算分散，纸币，运盐）又尚在执行之中，最后的谁是谁非，还无法作结论。显然，毛泽东的表态是谨慎的。他还说：多从反面（即现行政策的正面）设想，现行政策固然已出了很多毛病，但另一政策是否即毛病较少？从相对性设想，勿只从绝对性设想（即只设想现行政策完全是错的，另一政策完全是对的）。

从相对性设想，勿只从绝对性设想，就是要一分为二看问题。这是一条写作之道，也是刊发文章须牢牢坚守的，绝不能不问时机、不想读者，王婆卖瓜——自卖自夸。时下，一些文章之所以被受众视为"低级红""高级黑"，主要是作者没有从相对性设想受众心理，主观上犯了绝对性设想的毛病。

为何要这么做、怎样有则改之？马克思主义的精髓是实事求是，理论品质是与时俱进。如果真想解决问题，就要从这个方面去寻找真原因，拿出真办法。单是一味地迎合，搞所谓的"坚决执行"，是难以解决问题的。2022年两会期间，我参与全国新闻阅评工作，听说个别报刊提前一两个星期就把头版头条安排妥了。这是典型的绝对性设想，结果自然是上面说"东"，下面道"西"，真可谓"东西"不分。

初步统计，1941年7、8月间，毛泽东单是给林伯渠、谢觉哉写信就达 10 多封,个别谈话亦达 5 次,还"过细地读了"谢觉哉累计上万言的来信。这就是毛泽东工作中的耐心和细心,也是一条写作之道。对于作者和编辑来说,都需要做到既有耐心又够细心,如果没有这"两心",不仅难以写出好文章来,即便写出来也没人看见、无从发现。

往事如烟,往事并不如烟。2012 年,我写过一篇《报缘》的文章,记录了自己写稿、投稿、发稿的心路历程。我是一个幸运儿,回想自己一直在坚持、始终在状态,能够从一个边防军人成长为一名党报编辑,实现儿时的梦想。其中一个重要原因是,身边一直有一群"第一读者",是他们始终在指导、帮助、激励着我。实际上,这属于一条写作之道。明代学者洪应明有副对联:"宠辱不惊,看庭前花开花落;去留无意,望天空云卷云舒。"像我这样的凡夫俗子,很难看透"花开花落",也难以看淡"云卷云舒",仰望满天繁星,"第一读者"的每条指导意见、每句鼓励话语,就像那一颗颗划过长空的流星,照亮我前行之路,重整行装再出发。

仅从个人回信和个别谈话看,毛泽东付出的不只是作为领导者的一种责任,更有作为同志、作为朋友的与人为善的真诚。这启示作者,尊重编辑不失为一条写作之道。当然,尊重是广义的,既包括对刊物刊性、报纸报性的了解,又包括对版面版性、栏目栏性的理解,还包括对自身人格和文章质量的正解。

诚然,尊重是互相的。编辑必须乐于为他人作"嫁衣",这是我初为编辑最先听到的一句至理名言。如果说为他人作"嫁衣",就是做好事,不禁让人想起毛泽东讲过的一句话:一个人做点好事并不难,难的是一辈子做好事,不做坏事。如何做到一辈子做好事、不做坏事,互相尊重、与人为善很是关键,编辑和作者之间应做到没事常沟通、有事多商讨。可别忘了,这也是一条写作之道。

标题有内容方能引人注目

好标题往往契事契理契机,达到提炼要素、提示内容、提起兴趣的效果。1948 年 9 月 10 日,新华社播发了一条《华北中等教育会议决定改善中等教育的诸项制度》的消息,和一篇《恢复和发展中等教育是当前的重大政治任务》的社论。日前,翻看《毛泽东新闻工作文选》方知,这两个标题均为毛泽东亲自批改。消息的原题为《华北召开中等教育会议》,他批示:凡新闻,标题必须有内容。原题并无内容,不能引人注目。社论的原题为《中等教育问题》,他批示:凡论文标题,亦须有内容。原题没有内容,不能引人注目。从毛泽东的"两个批示"来看,标题有内容方能引人注目。

标题如何做到有内容、引人注目? 文章体裁不同,需要量体裁衣。比如,消息标题贵在概事表意、具体实在,侧重表现事物的动态,一般以实题为主;又如,通讯标题一般是静态的,多以点到为止、引而不发见长,主题主虚,副题主实;再如,评论标题重在有的放矢,对当前政治生活和实际工作中的重大问题发表意见;还如,调查报告标题只需指明调查研究和探索的重点,或给出调查后的结论。

在"杂志看皮,文章读题"的时代,党报党刊理论文章标题又该如何做到既有内容又引人注目? 在人民日报理论部工作的时候,我一直在思考和尝试回答这一问题,觉得应适时适度策划,讲究宣传艺术,尽量避免和减少概念化、口号性标题,努力让标题庄重、大气、醒目起来。党报党刊的读者是多层次的,理论宣传的主要读者是各级党政领导、机关干部、理论工作者、新闻工作者和一些知识分子。这个群体在全国 14 亿多人口中所占比例不算高,但很重要,也很宝贵。而让党的创新理论"飞入寻常百姓家",理论文章标题要努力做到政治话语平民化、哲学用语大众化、专业术语通俗化,既有思想性又有针对性,高层不觉其浅、基层不嫌其深,阐释理论不觉艰涩空泛、联系实际又不觉琐细粗俗。

"标题要醒目些,使读者爱看。"1957 年,毛泽东把一篇《怎样对待批评》改为《正确地对待善意的批评》,并作了批示:这个概念化的标题是不好的。纵观重头理论文章似乎有一"偏好",爱用一些"万能"概念作标题,如提供根本遵循、开创新局面等。当然,概念化的标题不是不用,而是要区分情况,慎用少用。这些"似曾相识燕归来"的概念化标题,常常掩盖文章中最具特色的内容,无法引起读者的关注和共鸣。避免概念化标题,需要深挖文章中最具个性化的内容和语言,使之在标题上凸显出来。

理论宣传容易被人误解为"高大上",究其原因固然很多,但与标题抽象化不无关系。一些空化、虚化、大化的标题,往往令读者一眼难以了解宣传内容,一时不知所云,诚然也就无法吸引受众进一步阅读。标题有时就是"一句话的评论",需对文中主要事实与中心思想进行高度概括与浓缩,让抽象标题具体化,切实做到言之有物、言之有理、言之有情。20世纪50年代,有一篇材料原题为《大泉山怎样由荒凉的土山成为绿植成荫、花果满山?》,毛泽东改为《看! 大泉山变了样》,简洁凝练、落落大方,一下子就抓住了读者。

标题是与正文不同的特殊"文体",须"立片言而居要",达"片言明百意"境界。这需要掌握制作标题的艺术,如表现语义的转换就不能像正文那样用连接词,而是借用分行来实现;对事物的指代就不能像正文那样全面,而是利用文中的暗示和映衬来显示。关于一些动态性理论宣传,文章通常是制作一个动宾结构的标题,使得一些最有价值的内容被淹没,读者经常是一扫而过。解决这一问题,应从动态性信息中挖掘出最有价值的核心内容,增加一个副题或肩题、与主题虚实结合,提升动态性理论宣传的新闻价值。

发人深思的是,肩题与主题搭配、主题与副题结合,是不是标题内容越多,文章传播效果就越好、版面视觉效果就越佳? 那也未必。时下,有些专题座谈会、学术研讨会等专版,作者10来个,肩题、主题、副题加起来30多个,老远一看,还以为在报上开展征求"楹联"活动。撰写文章实则开口说话,开展座谈会、研讨会更要让人多说话、说实话。一块版面原则上是8000字左右,而搞笑搞怪的是,有的版面留白处大于图片区,图片区多于文字行,一块版面3000字不到,让人不由得想起当年"彭大将军"彭德怀怒斥德国军事顾问李德的话"崽卖爷田心不痛"。当然,如果尽是一些不痛不痒之言、虚情假意之话,甚或是说了跟没说一样的空话套话废话,还不如多点留白处让人去联想,多些大姑娘身上小碎花般图片让人去欣赏。

主流媒体全面挺进主战场是大势所趋,使得一些人作标题去网上寻"参照物"、找"坐标系",这对于提高文章标题的准确性、新颖度,甚至查重均有好处;但须看到新媒体文章标题与传统媒体文章标题的差异,尽量让新媒体文章标题"传统化",即准确、真实。新媒体文章标题可以说是盖着头巾的"新娘子",点开链接才能见全貌。为适应快浏览、浅阅读,捕捉读者的心理、追求"秒杀力",新媒体文章标题十有八九难以对文,给人一种"丑媳妇"使障眼法、让人上当受骗的感觉。从一些新媒体修改传统媒体的文章标题看,都是一些"无厘头"。传统媒体文章标题是没有盖着头巾的"新娘子",上下一看、左右一瞟,五官美不美、容貌佳不佳,尽收眼底。传统媒体的文章标题与内容一定要有逻辑关系、题文一致,简洁生动、优雅风趣的标题必定是"有厘头",尤其是理论文章标题要显得严肃、稳重、端庄。因为理论版被人们称为"思想纸",理论文章是"陈年老窖",需慢慢品尝,要经得住时间的检验。

苏联著名作家高尔基说过,文章要充满令人信服和容易理解的事实。制作标题也要"以事实为依据",遵守准确、鲜明、生动、简洁、新颖的基本要求,突出新闻价值、体现宣传价值、注重词语锤炼、关照受众兴趣等基本原则。文之题,犹人之目,精气神之所聚。让理论文章标题有内容、引人注目,还应着眼着力"四让",在实践中总结、在总结中创新。

让标题"正中"起来。理论文章标题在读者眼里大都属于"正中"，所谓"正"就是以中央的精神为精神、以中央的调子为调子、以中央的要求为要求；所谓"中"就是始终立足于、着眼于寻求最大公约数，广泛凝聚社会共识。制作"正中"标题关键在"传真"：理论联系实际、有一说一，标题与内容相统一，准确而简练地概括文章核心内容。1955 年编《中国农村的社会主义高潮》的时候，毛泽东对书中大部分材料重新拟定题目，把一些原来"冗长、累赘，人看了头痛的标题"，改得简练而醒目。例如，有一篇材料原题为《天津市东郊区詹庄子乡民主、民强农业生产合作社如何发动妇女参加田间管理》，共 33 个字，毛泽东挥笔改为《妇女走上了劳动战线》，仅有 9 个字，既简单明了，又抓住了主题。

"百炼成字，千炼成句。"标题即句，须千锤百炼。标题可称为"一瞥的艺术"，要做到字字珠玑、一目了然，"增一字则太长，减一字则太短"。当前，有的党报党刊标题用"两行体"或"三行体"，抄重要文件原话、搬重要报告原句，这就涉及一个问题，是不是文章标题字数越多内容越丰效果越好？很是值得斟酌。据研究表明，按照通常阅读距离计算，人的最佳视野为 20 多度，党报党刊标题宜在 10 字以内。制作标题要有点"发电报"精神，做到能短则短。1957 年，中央拟在全党开展一次以反对主观主义、官僚主义和宗派主义为内容的整风运动。4 月 9 日，审阅《中国共产党第八届中央委员会第三次全体会议关于在全党进行整风运动的决定（草案）》后，毛泽东将文件稿的题目改为《关于整风运动的决定（草案）》。原题有 34 个字，改后仅剩下 9 个字，着重突出"整风运动"这一主题，让人过目不忘、入脑入心。当然，形式服从内容，如果每一个字都是表现内容不可或缺的，该长则长。

让标题"活"起来。常言道：一个动词胜过一打形容词。制作抢眼醒目的标题,需要多用动词,让标题活起来、富有张力,达到"传意"效果:标题不见得一一对应地实指文章中事实,可以意会。生动、活泼、形象、逼真,是"传意"标题的鲜明特色。动词被称为语言"味精",最活跃、最富有生命力,可一个动作真正精当的动词往往只有一个,只有多朗读、多推敲,才能找到那个意思最恰当、音韵最响亮的词汇。

让标题思想性"强"起来。制作理论文章标题要学会"两手抓",一手抓思想的火花,一手抓哲理的鲜活。这样制作的标题才会"传神":不仅传递文章神韵、让文章有了"魂",而且传出编者观点、让思想性"强"起来。"传神"标题饱含哲理,颇具评论"味道"。记得2015年我曾约请学者在"热点辨析"栏目撰写过一篇《一味"拿来"成就不了理论自信》的文章,这个标题应该说融思想性与哲理性于一体,观之有一种抱着"佳人归"的感觉。

让标题学术味"浓"起来。快节奏的生活是一个标题受众时代,因此在标题中蕴含大量信息和知识已成为一种趋势、一种需求,暂且可称之为"厚题薄文"。这类标题的优势在于:受众可用较少时间获取较多信息和知识,便于党报党刊表达观点和态度,更好地吸引受众、影响受众。"厚题薄文"标题一般可以在数字巧用上体现,让文章的学术味浓厚起来。2014年《人民日报》学术版刊发过一条消息《中俄两国有100万个理由在一起》,当读者看到这一标题时,必然自问:"100万个理由"都是什么? 我知道的有多少? "厚题薄文"标题大多化文中内容为"简",让标题内容为"繁",突出个性,使整篇文章从版面上跳了出来。

言必称希腊岂能理论自信

    2018 年, 翻看《傅斯年评传》一书, 却被其中国学大师钱穆批评思想家胡适的一段文字吸引眼球。"适之晚年在台湾出席夏威夷召开之世界哲学会议, 会中请中、日、印三国学人各介绍其本国之哲学。日、印两国出席人, 皆分别介绍。独适之宣讲杜威哲学, 于中国方面一字不提。"姑且不论此事孰是孰非, 但让人追问和思考起"言必称希腊"岂能理论自信的话题。

    "言必称希腊", 是毛泽东有感于 20 世纪 30、40 年代许多党员学了马克思列宁主义,"言必称希腊",一知半解地空谈哲学,不注重研究现状,不注重研究历史,不注意马克思列宁主义应用而发的感慨。为此,他1941年在《改造我们的学习》中指出,"许多马克思列宁主义的学者也是言必称希腊,对于自己的祖宗,则对不住,忘记了"。对于这种学风和文风,毛泽东称之"为害相当地大,不可等闲视之的",而且批评一些学者"只懂得希腊,不懂得中国"。

"言必称希腊"导致过多地强调一味"拿来"。近代以降,面对西方列强的坚船利炮,面对国家和民族的危亡局面,我国有识之士喊出"师夷长技以制夷"的口号。这有助于当时的国人"睁眼看世界",学习西方先进技术,获得思想解放,因而具有历史进步意义。但令人遗憾的是,一些人的拿来主义慢慢地变了味,不再是借鉴扬弃而是照抄照搬,甚至主张"全盘西化"。于是,大量西方的思想观念、理论主张被不加辨别地"拿"了进来。久而久之,一味"拿来"伤害了中国理论的原创力,一些中国学者因此失掉自信:无论概念、理论框架还是研究方法、思维模式,都不顾我国现实和语境,盲目按照西方的模式走,深深地打上了西方哲学社会科学的烙印。

一味"拿来"反映了一种自卑心理,理论自卑往往导致理论盲从。实事求是地讲,我国现代经济学、政治学、社会学、管理学等研究起步较晚,需要吸收借鉴西方发达国家的有益成果。在这种情况下,有的理论工作者产生了自卑心理,认为凡是西方的理论都是正确的、先进的,凡是基于本土视角和本土经验的研究都是低层次的、上不了台面的,进而奉西方理论为圭臬,不问适不适时宜、合不合国情,削趾适屦,盲目"拿来"。更让人难以置信的是,新中国成立尤其是改革开放以来,我国理论体系取得丰硕成果,理论范式日渐成熟,但仍有少数人热衷于拿来主义,"言必称希腊"、文必引西方,对我国的优秀理论成果却视而不见,甚至不屑一顾。像中国社会学和人类学奠基人之一费孝通的差序格局理论、发展经济学奠基人张培刚的农业工业化理论等具有鲜明中国特色的原创理论,即便在世界上具有影响并为国际社会所认可,也不能引起他们的足够重视。一味"拿来"的东西,或因水土不服,不能为我所用;或因拿者心怀二志,不能作为借鉴,因而既解决不了我国的实际问题,也成就不了理论自信。

"不单是懂得希腊就行了,还要懂得中国;不但要懂得外国革命史,还要懂得中国革命史",毛泽东指出,我们要从国内外实际情况出发,就是要求把中国问题放在整个国际情况中来考察,脱离国际情况,把中国问题孤立起来是不对的。1941 年 9 月 13 日,他还对中央妇委和中共中央西北局联合组成的妇女生活调查团说,"我现在还痛感有周密研究中国事情和国际事情的必要"。善于学习借鉴世界优秀文化和思想理论成果是我国的传统和优势,但一味"拿来"与此无关,进行学术交流、理论借鉴须坚持以我为主、为我所用、科学鉴别、合理吸收的原则,绝不能搞"全盘西化"和"全面移植"。我国学者在以开放心态积极扩大与西方学术交流的同时,更要创造性转化、创新性发展中华优秀传统文化,概括总结本土的实践智慧,因为这种实践智慧才是民族理论创新的生长点。

距离毛泽东提出"言必称希腊"危害,一晃 80 多年而过,作者们需经常扪心自问,当今不愿学经典、不懂文本原意、不与实践结合,一知半解地空谈哲学的有没有?不注重分析世界与中国、研究现状与历史,不愿抬头看路、只顾埋头写作的有没有?不注意马克思主义的应用,文章学生操刀、署名导师靠前的有没有?要想写好文章,必须增强理论自信,来个"经常问",学会讲故事尤显珍贵。

"中国的革命应该而且必须为世人所了解",延安时期,以毛泽东为代表的中国共产党人自信坦诚地向世界讲述延安故事，让世人看到了真实的共产党及其领导的红色区域。美国著名记者埃德加·斯诺通过《红星照耀中国》形象客观地报道了"这批人，这个地方，这些事情"，向世界揭开了红色中国的神秘面纱。

必须看到，长期以来，西方学者对中国的发展路径大致有两种看法：一种可称为"对立论"，他们把中国看作与苏联和东欧国家一样，是与欧美国家不同的"另类"，其"出路"必然是在西方国家和平演变下搞自由市场经济、宪政民主。另一种可称为"趋同论"，他们认为中国处于以西方国家为中心的经济全球化"边缘"。而"边缘"国家要实现现代化，必须走西方的老路。这两种观点虽然内容有所不同，但其本质都是西方中心主义。

事实胜于雄辩，公道自在人心。中国不仅与西方走的发展道路不同，而且取得巨大成功。讲好中国故事，就要把中国的发展过程阐释好、解释清，把中国自身的特点讲明白。实现与国际社会的有效交流，需要形成和运用一种新型全球观。首先，客观理解和看待中国与西方的关系，以西方为中心的崇洋媚外观点绝不可取。作为一个拥有 5000 多年中华文明的泱泱大国，中国与西方国家不是对立或同化的二元关系，而是共同发展、相互借鉴、相互影响的关系。过分吹捧甚或追随西方模式的做法绝不可取，我国学者在国际交流中须有学术自信。西方国家并不像那些自由主义者所想象的那般好、那样强，视西方为梦想天堂、人间正道，与西方国家的实际情况并不符合。其次，理性认识和看待中国与发展中国家，尤其是周边国家的关系。中国发展的目的不是追求霸权，而是让人民过上幸福的生活。中国梦是和平、发展、合作、共赢的梦，我们追求的是中国人民的福祉，也是世界各国人民共同的福祉。"国强必霸论"和"中国威胁论"，都是无稽之谈。中国大力倡导的"一带一路"，正是在共商、共建、共享原则上建立的合作共赢之路，也是中国和各国打造命运共同体的支撑。它不但能够推动中国经济结构转型，也可以带动发展中国家尤其是周边国家共同走向繁荣。本着与西方求同存异、谋求共同发展和睦邻、安邻、富邻的态度讲述中国故事，就能增强中国故事的亲和力、感染力、影响力。

清末民初著名学者王国维说过：哲学上之说，大都可爱者不可信，可信者不可爱。可爱不可信的哲学，大约指德国哲学家亚瑟·叔本华、弗里德里希·威廉·尼采那类反理性主义者的人本主义哲学；而可信不可爱的哲学，大概是法国哲学家奥古斯特·孔德、英国哲学家约翰·穆勒这类实证主义者的唯科学论哲学。王国维的分类和评价当然是一己之见，但有启示：拒绝"言必称希腊"，增强理论自信，拿出可信又可爱的理论文章尤为关键。

理论文章的可信应该指文中所表达、传达的思想是科学可靠、值得信赖的，而可爱大概是文章有鲜明的思想、可读性强。可信又可爱，二者互相映照、相得益彰。文字由心而生，文章有感而发。有大格局者，方有大胸襟；有大见识者，方有大树立。毛泽东的《实践论》《矛盾论》，虽写于20世纪30年代，但它所包含的基本原理、原则和科学方法，具有普遍性意义。这两部巨著创新和运用辩证唯物主义和历史唯物主义原理解决了中国革命实际问题，所以称得上可信又可爱。这也告诉人们，可信又可爱的理论文章从创新理论而来。

"理论是灰色的，而生命之树常青"。生命之树之所以常青，是因为现实社会总是苟日新、日日新、又日新，生命之树总会不断抽新枝、发新芽、展新颜。当前在理论创新和创新理论文章上，应该说各界高度重视，常常发"新言"、换"新颜"。但仍不同程度地存在着一些模糊认识和错误观点：有人看不见理论文章的现实指导意义，更看不到创新理论文章必须与时代和实践结合的必然性，难免会说一些理论文章"过时论"或"无用论"之类的话；也有人不顾实践发展的现实，一谈到理论创新和创新理论文章就眉头皱得老高，总觉得改来改去最终还得回到老套路上来，将理论文章奉为僵化的教条，进而令其"固化"直至"僵化"；还有人故意淡化理论文章创新，甚至干脆避而不谈理论创新，他们信奉多一事不如少一事、少一事不如没有事的"人生哲学"，不愿尽责、不敢担当。这些对待理论创新和创新理论文章的模糊态度、错误观点，亟须引起思想界、理论界和学术界重视与警惕。

理论创新只能从问题开始，不同的态度、不同的方法，往往会带来截然不同的结果。例如，有人认为理论创新是"大哲鸿儒"的事情，非"凡夫俗子"所能为。其实，这是一个认识误区。理论创新和创新理论文章并非一定就要"高大上"，一般的学者、读者就能成为创新主体。因为，理论创新可大可小，揭示一条规律是创新，提出一种学说是创新，阐明一个道理是创新，创造一种解决问题的办法也是创新。

推进理论文章创新，确立科学的方法论至关重要。广大学者应当一分为二看问题，分清本质和现象、主流和支流，既看存在问题又看发展趋势，既看局部又看全局。这样才能增强理论自信，提出客观观点、深刻思想，科学揭示我国社会发展、人类社会发展的大逻辑大趋势，理论文章才能可信又可爱、读者更爱看、更受教。

"脱毛"文章更具高水准

马克思主义经典著作,蕴含和集中体现着马克思主义基本原理,是马克思主义理论的本源和基础。2021年4月至6月,因参与中央文稿起草需要,我着重阅读了恩格斯的《反杜林论》。1885年9月23日,恩格斯在《反杜林论》序言中的一句话让人心心念念:当我退出商界并移居伦敦,从而有时间进行研究的时候,我尽可能地使自己在数学和自然科学方面来一次彻底的——像李比希所说的——"脱毛",8年当中,我把大部分时间用在这上面。

所谓"脱毛",是德国化学家尤·李比希在19世纪所说的。《反杜林论》序言中的注解为:"化学正在取得异常迅速的进展,而希望赶上它的化学家们则处于不断脱毛的状态。不适于飞翔的旧羽毛从翅膀上脱落下来,而代之以新生的羽毛,这样飞起来就更有力更轻快"。恩格斯研究数学和自然科学用时8年,毛泽东与《二十四史》24载风雨相随、朝夕相伴,真可谓历经"脱毛",令其思想独特、眼界超群。阅读《反杜林论》《毛泽东评点二十四史》等经典著作,反思写作的过程,也属于"脱毛"的过程,令文章更具高水准。

写作"脱毛"文章,先需要准确掌握专业知识。专业知识如果不能准确掌握、出了纰漏,行家里手一眼就会看出来,这叫"硬伤"。出现不应有的"硬伤",最严谨的逻辑、最优美的文采,受众也不一定感兴趣,因为读者与作者间有了一堵无形的墙——不信任。这让人想起古乐府《东飞伯劳歌》里所唱的"东飞伯劳西飞燕"来,既然伯劳鸟和燕子走到一起只是偶然、分开才是必然,那么作为高级动物的人,一旦彼此失去信任,岂不"劳燕分飞"?

马克思主义之所以是一门科学,同马克思、恩格斯高度重视专业知识是分不开的。马克思、恩格斯是唯一把辩证法从德国唯心主义哲学中拯救出来,并运用于唯物主义的自然观和历史观的人。可是,要确立辩证唯物主义的自然观,必须具备数学和自然科学的专业知识。马克思精通数学,但对于自然科学,恩格斯曾在《反杜林论》中提到,当时他们只能作零星的、时停时续的、片段的研究。正因如此,1869年7月,恩格斯离开欧门—恩格斯公司,1870年9月迁居伦敦,致力于自然科学研究。"当我不得不去探讨杜林先生的所谓自然哲学时,我正处在这一脱毛过程的中间",恩格斯说,我意识到当时自己还做不到确有把握,这使我谨慎起来;没有人能指出我真正违反了当时人所共知的事实,或者不正确地叙述了当时公认的理论。

"我一生最大的爱好就是读书",读书贯穿毛泽东一生,"脱毛"伴随终生。早在学生时期,他便"颇有奋发踔厉之概,从早至晚,读书不休"。就读湖南省立第一师范学校时,他宣称"文学乃百科之源",与同学好友之间吟咏唱和,更是常事。在好友罗章龙、萧三的回忆中,有不少毛泽东和他们的唱和联句。毛泽东的早期诗词作品,完整保存下来的有

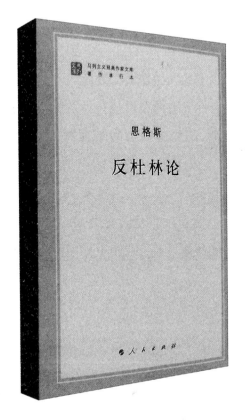

《五古·挽易昌陶》《七古·送纵宇一郎东行》《虞美人·枕上》。革命战争年代,毛泽东总是千方百计搜集各种书籍报刊来阅读。1938年,他更是提出:"如果我们党有一百个至二百个系统地而不是零碎地、实际地而不是空洞地学会了马克思列宁主义的同志,就会大大地提高我们党的战斗力量,并加速我们战胜日本帝国主义的工作。"①回顾党的奋斗历程可以发现,中国共产党之所以能够历经艰难困苦而不断发展壮大,很重要的一个原因就是我们党始终重视思想建党、理论强党。

---

① 《毛泽东选集》第二卷,人民出版社1991年版,第533页。

新中国成立后,毛泽东更是阅读和收藏了大量书籍,从马列经典到文史典籍,从社会科学到自然科学,囊括古今中外,纵横经史子集,涉及哲学、经济、政治、军事、文艺、历史、科技、宗教等专业领域。1958 年,毛泽东在党的八大二次会议上强调"要有定见""不要妄自菲薄,不要迷信""我们敢想、敢说、敢做、敢为的理论基础是马列主义"。为什么要学习运用马克思列宁主义?答案跃然纸上,至今依然是共产党人做人、做事、做文的指导思想。

毛泽东酷爱读史书,最为引人注目的一套书籍是清乾隆武英殿版的线装本《二十四史》。这部历史长卷,有 850 册、3700 多万字,记载了从黄帝时代到明朝崇祯十七年(1644)长达 4000 多年的历史,从头到尾粗看一遍,也极费时力。应该说,毛泽东走到哪、带到哪、读到哪,不仅通读了全书,而且反复阅读了重点章节,还留下了大量的批注、圈划和评语。

前些年,我翻看《毛泽东评点二十四史》,颇为他的批注、圈划和评语之多所叹服,思考问题之深而折服。此时,更多的是感叹这部巨著具有的文献价值、思想价值、学术价值,从而感悟写作的专业知识应力求系统化,不能只是零碎的、杂乱的。反思当前有的报刊文章就像下"跳跳棋",几十颗棋子在棋盘里跳上跳下,往往看起来热闹,却缺少思想逻辑,准确性不够,经不起推敲,究其主要原因,与缺乏系统的专业知识作支撑不无干系。专业知识是很多的,系统掌握也是很难的,但重在理清其脉络线索,贵在记牢经常会用到的事实。

写作"脱毛"文章,也需要灵活掌握第一手材料。这就涉及一个敏感话题:丰富、可靠的第一手材料从哪里来、如何去掌握?清朝学者大都看重目录学,注重从阅读《四库全书总目提要》等入手,弄清这个时期该读哪些书,其长处和短处在哪里。现在,高校学科多了、专业分工细了,好在网络化管理,使之一目了然、便于查阅。为此,如何灵活地掌握第一手材料,便成了关键问题。

就历史研究而言,掌握丰富、可靠的第一手史料,阅读档案资料不愧为最直接、最科学的调查研究。2021 年,有些人问我写作《鉴证大党百年风云——100 个"千字文"故事》,以什么为准则?我笑着说,这表明你们没有好好看这本书的"出版说明":依据《中国共产党党史》《中国军事百科全书》等资料,取材于"学习强国"、中央和地方主流媒体刊发的文章。这说明,虽然拿不到最原始的档案资料,但可以看到可靠的第一手史料。真问题在于,如何把史料"看活了"而不是"看死了","用活了"而不是"用死了"。

恩格斯在《反杜林论》中提到,在形而上学者看来,事物及其在思想上的反映即概念,是孤立的、应当逐个地和分别地加以考察的、固定的、僵硬的、一成不变的研究对象。形而上学与唯物辩证法,是两种对立的思维方法。就拿看书来说,如果看完一本书后,脑子里仍是一张一张纸上的文字,那属于形式而上的方法,把书"看死了";如果在脑子里仿佛再现了这个事件的前后经过、中间有什么争论和困难,呈现有声有色的事情,那属于唯物辩证法,把书"看活了"。这好像看电影,一张张胶片是"死的"、静止不动的,但置于放映机上用电力带动转起来,投射到银幕上就"活了"。同样的道理,书上的一张张纸就像一张张静止的胶片,如果只看一张张胶片,看得再仔细依然是"死"的。而看书时的理解力好比放电影的电力,只有将其贯穿起来放在当时的环境里思考,呈现在眼前的才是活的事实,才能说是"活学活用"。

"饭可以一日不吃,觉可以一日不睡,书不可以一日不读",晚年的毛泽东即便视力严重下降,但他仍坚持读书,一本一本看,一页一页读。仅从 1972 年底到 1976 年,他先后看完 129 种数百万字的书籍和刊物。读书的主旨在于摆脱俗气,目的在于运用。毛泽东是运用唯物辩证法的高手,一生写下很多不朽的光辉篇章,成为指导我国革命和建设的鲜活教材,他不仅把书"看活了",更是"用活了"。

写作"脱毛"文章,还需要全面掌握基本知识。至于为什么要开阔眼界和视野、掌握更多的基本知识,不妨从毛泽东提出的"古今中外法"来理解把握,举一反三,融会贯通,为我所用。

所谓"古今",是指既要了解过去的,也要了解现在的,体现历史的发展。马克思主义认为,世界是物质的,物质是互相联系的。这表明,事物一旦离开周围那些相联系的要素,就不容易理解。近代思想家梁启超曾批评李鸿章兄长李瀚章主编的《曾文正公年谱》,说年谱里只有曾国藩的奏稿、批牍和活动,却没有太平天国方面的活动情况。他还打比方说,这就像从门缝里看人打架,只看见一个人一会儿进一会儿退,看完了也不知道为什么他能赢、为什么他会输。这个比喻不仅很形象、很深刻,而且启示作者:即便是写个人传记,也不能只梳理那个人的材料,而要弄清当时的环境,弄明对手的状况,弄懂当今社会的需要,这样才能让被写之人有血有肉,让文章有魂有魄,真正"活"起来。

所谓"中外",是指既要了解中国的,也要了解国外的,呈现历史的比较。有比较才有区别,才能全面呈现事实。研究中国革命史,绝不能就中国革命研究中国革命,应当了解法国大革命史等资产阶级民主革命,了解亚非拉民族民主运动。如果对其他国家都不了解,没有作过比较,那就规律看不到、特点看不清,只能就事论事地说说事情本身,让事情好看不起来、更别说耐看了。

说到全面掌握基本知识,让人联想到新闻单位招人是否学历越高越好的话题。前些年,个别领导非博士不招,也有领导觉得硕士的可塑性更强。这个话题的实质在于,人的知识面要不要那么宽,假如工作需要是不是临时查查工具书即可? 诚然,一个人不可能什么知识都具备,有些知识只能干中学、学中干,甚至临时查找。但在文字的编辑处理中联想也是很重要的,常常会产生新认识、新观点。如果知识面偏窄、视野不宽,或许连想查的念头都没有,更别说到哪里去查。当然,万事万物都是在不断发展的。学历的高低并非关键,够用就是最佳的。试想,一个乐于"脱毛"的人,一个始终让自己处于"脱毛"状态的人,又何愁写不出"脱毛"文章来?!

后　记

　　"十年磨一剑"，出自唐代诗人贾岛的《剑客》："十年磨一剑,霜刃未曾试。今日把示君,谁有不平事?"今天,提到"十年磨一剑",是因为觉得事情有点巧合,我第一次借调到中共中央宣传部工作是 2013 年 2 月,这次是 2022 年 1 月,恰好十年,都是从事与新闻业务相关工作,同在一号楼办公。

　　从编辑身份来说,我不希望"十年磨一剑",并不是怕剑走"偏锋"、剑气"伤身",倒期待"十年磨一针",而且是一根"绣花针",因为编辑的主要职责是为他人作"嫁妆"。

10年前，我参与了人民日报社原新闻研究中心主编的"中国特色社会主义新闻理论研究丛书"的编辑工作，包括《马克思恩格斯列宁新闻思想研究文选》《毛泽东新闻思想研究文选》《邓小平新闻思想研究文选》《江泽民新闻思想研究文选》《胡锦涛新闻思想研究文选》5本；10年后，到新闻协调小组组长岗位上，个人能够做点什么、又应该做些什么？不时问自己。

习近平总书记《论党的宣传思想工作》一书，由中央文献出版社2020年出版以来，我在办公室和床头各放一本，一有空就学习，遇问题就查找，有的作了读书笔记，写了学习体会。如何正确处理"溯源"与"定性"的关系，亟须加强学习和研究。我边重读"中国特色社会主义新闻理论研究丛书"，阅读一系列毛泽东著作和写作毛泽东思想的书籍，边整理笔记，于是便做起"提高"与"普及"的工作来。先聚焦一个个主题加强学习研究，不断提高自身的新闻理论水平，后写成一篇篇约3600字的通俗理论文章，寄希望于普及广大干部群众。

承蒙人民出版社厚爱，在毛泽东同志诞辰130周年前夕，编辑成《向毛泽东学习写文章》一书，以示纪念！欧阳纬柠参加了本书的资料收集、修改等工作。由于水平有限，撰写和编辑《向毛泽东学习写文章》的过程中，难免挂一漏万，敬请读者指正，以期不断完善。

责任编辑:洪　琼

图书在版编目(CIP)数据

向毛泽东学习写文章/欧阳辉 著. —北京:人民出版社,2023.9(2024.1重印)
ISBN 978－7－01－025874－4

Ⅰ.①向…　Ⅱ.①欧…　Ⅲ.①毛泽东著作研究-写作学　Ⅳ.①A841.68

中国国家版本馆 CIP 数据核字(2023)第 146245 号

向毛泽东学习写文章
XIANG MAOZEDONG XUEXI XIE WENZHANG

欧阳辉　著

人 民 出 版 社 出版发行
(100706　北京市东城区隆福寺街 99 号)

北京盛通印刷股份有限公司印刷　新华书店经销

2023 年 9 月第 1 版　2024 年 1 月北京第 4 次印刷
开本:710 毫米×1000 毫米 1/16　印张:16
字数:250 千字

ISBN 978－7－01－025874－4　定价:59.80 元

邮购地址 100706　北京市东城区隆福寺街 99 号
人民东方图书销售中心　电话 (010)65250042　65289539